Os Segredos de Permanecer Jovem

Reversão de Idade para a Mente e para o Corpo

Dra. Marie Miczak

Os Segredos de Permanecer Jovem

Reversão de Idade para a Mente e para o Corpo

Tradução:
Sandra Guerreiro

MADRAS

Originalmente publicado em inglês sob o título
The Secret of Staying Young, por Lotus Press.
© 2001, Dra. Marie Miczak
Direitos exclusivos de edição para todo o mundo.
© 2003, Madras Editora Ltda.

Editor:
Wagner Veneziani Costa

Produção e Capa:
Equipe Técnica Madras

Tradução:
Sandra Guerreiro

Ilustração da Capa:
Equipe Técnica Madras

Revisão:
Horacio Menegat
Rita Sorrocha
Ana Paula Luccisano

ISBN 85-7374-586-X

Proibida a reprodução total ou parcial desta obra, de qualquer forma ou por qualquer meio eletrônico, mecânico, inclusive por meio de processos xerográficos, sem permissão expressa do editor (Lei nº 9.610, de 19.02.98).

Todos os direitos desta edição, para a língua portuguesa, reservados pela

MADRAS EDITORA LTDA.
Rua Paulo Gonçalves, 88 — Santana
02403-020 — São Paulo — SP
Caixa Postal 12299 — CEP 02013-970 — SP
Tel.: (0_ _11) 6959.1127 — Fax: (0_ _11) 6959.3090
www.madras.com.br

DEDICATÓRIA

Este livro é dedicado à minha bela Gina Magda (a Princesa Húngara), cuja curiosidade, humor e espírito juvenis me inspiram a cada dia.

Eu a amo muito.

ÍNDICE

Introdução 13

Capítulo 1
Sua Avaliação Pessoal 17
    Estatísticas sobre o Envelhecimento... 19

Capítulo 2
Suplementação Sugerida para Adultos mais Velhos
(que querem sentir-se mais jovens!) 23
    Seu Guia Geral de Ingestão de Vitaminas 24
    Você Está Sem Cálcio? — "O melhor tipo de cálcio
    para você e para seus ossos" 25
    A Ligação do Magnésio com a Saúde do Coração
    — "Sua função em combater males do coração" 26
    A Solução do Selênio — "Pode ser a chave para a
    prevenção de muitos cânceres" 27
    HPB e a Conexão com o Cádmio — "O zinco e o selênio
    podem ser a solução" 28
    Minerais Diários Sugeridos 30
    Você É o Que Você Absorve — "Por que você pode
    precisar das enzimas digestivas" 30
    Enzimas Digestivas Recomendadas 31
    Suas Vitaminas Diárias — "O que e quanto tomar" ... 32

Teste de Biodisponibilidade 33
B é para o Cérebro — "Deficiências de vitamina B e o
diagnóstico errôneo do Mal de Alzheimer" 35
Vitaminas Diárias Recomendadas 37

Capítulo 3

Suas Ervas Contra o Envelhecimento — "Ervas para
saúde e longevidade" 39
Ginko Biloba para Muito Mais que Apenas Memória! 39
Mistura Superior Poderosa para o Cérebro 40
Ginko para Impotência Masculina — "Útil na disfunção
erétil masculina" 41
Fruto do Pilriteiro para Pressão Alta e Males do Coração
— "Ajuda natural para seu coração" 42
Ervas Diárias Recomendadas 43

Capítulo 4

Sugestões de Segurança ao Consumidor para a
Compra de Ervas 45

Capítulo 5

Suplementos Alimentares Dietéticos Adicionais —
"Tirando conclusões" 51
O Que São Suplementos Alimentares? — "Suplementos
para incluir em sua lista de rejuvenescedores" 51
Levedo de Cerveja ou Levedura Nutricional 52
Ácidos Graxos Essenciais: As Gorduras da Vida 53
Óleo de Prímula Vespertina 55
A Soja Magra — "Os benefícios, os riscos" 56
Suplementos Alimentares Diários Recomendados 58

Capítulo 6

Receitas Deliciosas Utilizando Seus Suplementos
Alimentares Recomendados 59
Frappé de Mirtilo e Fibra de Linho 63
Refeições Planejadas para Você e para Sua Família 64
Macarrão e Queijo à Moda do Mac 66
Bolo de Carne à Moda Húngara com Germe de Trigo 67

Salada de Salmão Suntuosa 70
Bolinhos de Salmão Nativos da Mamãe 71

CAPÍTULO 7

Exercício para Parecer e Sentir-se Jovem 73
   Exercício para Todos! — "Exercício aeróbico aliviador para
   pessoas com artrite ou querendo preservar suas juntas" 74
   Em 1957... 77

CAPÍTULO 8

Do Que uma Mulher Precisa para Permanecer Jovem 81
   Inhames 85
   Grãos de Soja 85
   Trevo-dos-Prados (*Trifolium pratense*) 86
   Óleo de Linhaça (*Linum Usitatissimum spp*) 87
   Uma Palavra sobre Medicamentos para
   Osteoporose e Hipotireoidismo 88
   Alívio Natural de Estresse para Mulheres 90

CAPÍTULO 9

Do Que uma Mulher Precisa para Parecer Jovem 95
   O Teste do Batom 96
   Cuidados com a Pele Quando Envelhecemos 96
   Excertos do Capítulo 4: Cuidados da Pele e do Corpo 99
   Para o Corpo 99
      Elixir de Madressilva para o Corpo 99
      Variações 100
      Chuva da Amazônia 101
      Banho de Leite de Cleópatra 101
      Sais de Xangai 101
      Sais Cristalinos 102
      Banho do Amor 102
      Embebição Adocicada de Menta 103
      Laguna da Sereia 103
      Explosão Estelar 103
      Manteiga para o Corpo Rainha da Noite 104
   Tratamento Completo para o Corpo 104
      Esfoliante de Amêndoa para o Corpo 105

Máscara de Lama de Água de Rosa 105
Óleo de Banho de Cereja 105
Elixir de Violeta para o Corpo 105
Fórmulas Faciais 106
A Juventude em uma Garrafa 106
Óleo de Rosa Rejuvenescedor 107
Vapor de Rosas Facial 107
Leite para Limpeza Europeu 108
Máscara de Iogurte de Morango 108

Capítulo 10

Do Que um Homem Precisa para Permanecer Jovem 109
Testosterona e a Menopausa Masculina 111
Auto-exame Testicular 112
HPB e a Conexão com o Cádmio — "O zinco e
o selênio podem ser a solução" 113

Capítulo 11

Do Que um Homem Precisa para Parecer Jovem 117
Pós-barba de Gengibre para Homens 118
Formando Massa Muscular Após os 40 119

Capítulo 12

Recuperando a Sua Perspicácia Mental —
"Memória, acuidade mental e retenção" 123
O Efeito do Ginko Biloba na Memória 124
Atualização de Notícias Científicas — "Ginko Biloba pode
estabilizar e até reverter a demência" — "Mudanças
substanciais o suficiente para serem notadas por
enfermeiros" 126
Ampakinas para Rejuvenescer a Memória de Curto Prazo 131

Capítulo 13

Combatendo as Depressões da Meia-Idade 133
O Inverno Está Deixando Você Triste? Desordem
Afetiva Sazonal — Por Dra. Marie Miczac 133
Segredos para Aguçar sua Memória e Processo de
Raciocínio 135

CAPÍTULO 14

A Conexão Mente-Corpo-Espírito para Permanecer Jovem 141

APÊNDICE

Recursos das Indústrias para Equipamentos de Exercício 147
    Equipamento para Saúde e Aptidão Física da Família 147
        Bicicletas 147
        Ricocheteadores 148

Sobre a Autora 149
Índice Remissivo 151

Introdução

Hoje há uma quantidade expansiva de escolhas para o consumidor. Um ramo emergente de suplementos alimentares, chamados nutricêuticos, marcaram sua presença tanto na mídia como no mercado. Nutricêuticos é um termo usado para descrever nutrientes que contêm qualidades medicinais. Um exemplo: o ginko biloba, que, entre outras coisas, ajuda a aumentar o fluxo de sangue no cérebro. As vendas desta categoria de suplementos herbáticos e nutricionais dobrou nestes últimos quatro anos nos Estados Unidos. O consumidor comum, contudo, não tem informação suficiente para determinar quais produtos realmente são úteis e quais são enganosos. Agravando o problema da busca do público por informação está a Internet. Muitas pessoas esperam ler sobre um suplemento nutricional *on line* como um modo de reunir informação. O problema é que muitos *websites* são de companhias de vitaminas e ervas. Portanto, a informação que eles apresentam é influenciada a favor dos benefícios, não discutindo os riscos de seus produtos.

Já que ervas e produtos nutricionais são uma propriedade de domínio público, a maioria das companhias farmacêuticas prefere investir em pesquisa de drogas sintéticas ou criadas em laboratórios, não em ervas. Isto explica o fato de que companhias de remédios vão gastar mais de 800 milhões de dólares para trazer uma nova droga ao mercado. Os suplementos herbáticos e nutricionais não podem ser patenteados; significa que os fabricantes de drogas nunca irão recuperar seus gastos de pesquisa e desenvolvimento. Mesmo levando este ponto em consideração, 40% dos medicamentos prescritos hoje são de plantas e compostos naturais. (Há também pouco disso devido ao fato de que muitos destes produtos naturais têm um longo caminho de registros de utilidade e segurança do que os mais novos prescritos.)

Atualmente, como a população de *baby boomers* está envelhecendo, os nutricêuticos que ajudam a atender às necessidades associadas com o processo de envelhecimento são altamente desejáveis. Isso porque a população de mais de 65 anos está aumentando. Na América, este grupo etário é de 10 milhões. No ano 2030 dobrará para 20 milhões. O que isto significa? Bem, nós vamos ver pessoas mais velhas tomando conta de seus pais em seus anos avançados. Por exemplo, quando você tiver 65, provavelmente estará cuidando de um de seus parentes mais velhos com seus 80 ou 90 anos.

Estamos realmente começando a observar esta tendência agora. A fim de dar suporte ao limitado Seguro Social, o Presidente Clinton assinou um projeto que permite que americanos mais velhos trabalhem enquanto recebem o benefício. Isto era em parte desnecessário quando o Seguro Social foi instituído pela primeira vez na administração de Delano Roosevelt, pois a expectativa de vida do americano comum era muito mais baixa. Portanto, a quantia de dinheiro tirada dos salários poderia manter uma pessoa em média 5 a 8 anos após a aposentadoria. Isso é muito pouco para pessoas que agora estão vivendo 10, 20 ou 30 anos após pararem de trabalhar.

Tais mudanças surpreenderam a capacidade do governo em garantir que o Seguro Social ainda vai estar lá. O fato é que este dinheiro incomodou por anos. Isto porque a maioria dos americanos que recolheu o Seguro Social por mais de dez anos coletou mais do que o dobro do que contribuiu. Então é o dinheiro de trabalhadores ativos que está indo para este fundo de aposentadoria, pagando os aposentados atuais e não sendo guardado para o futuro.

Com a Seguridade Social à beira de um colapso, haverá pessoas tendo que trabalhar mais. Elas também terão que economizar mais. Seja lá o que for, você estará pronto para a tarefa? E a qualidade de vida? A longevidade não é lá essas coisas se você estiver vegetando em uma clínica de repouso. Acho que todos nós esperamos estar bem mentalmente até nosso último suspiro. A realidade do assunto é muito séria. Outro ponto é que mesmo que você tenha boa saúde, mas não tenha dinheiro suficiente para sustentar-se, o destino será uma clínica de repouso. Você não tem dinheiro suficiente para ser senhor de seu destino, então alguma outra pessoa tomará esta decisão por você. Você ficará feliz com isso?

Enquanto não houver uma poção mágica e consumidores tomarem uma erva ou qualquer outro suplemento alimentar com uma fé cega, haverá novas informações fascinantes sendo espalhadas sobre os benefícios de tais ervas no organismo humano. Eu acredito que onde existe essa evidência sobre os efeitos positivos de uma erva ou suplemento, nenhuma entidade tem o poder de restringir o acesso público a essa informação pelo interesse das indústrias privadas e seus pistolões. Muito do que nós podemos usar, como medicamentos, estão diretamente relacionados a este fato.

Indicando corretamente as causas subjacentes de muitos males e condições relacionadas à idade, nós podemos identificar substâncias que são tão seguras como efetivas em seu combate. Normalmente, na medicina de hoje, os idosos são tratados com simpatia, mas não com a convicção reservada aos jovens. Pacientes mais velhos são freqüentemente pegos pela mão e lhes é dito, "Bem, você sabe que está ficando velho e que este problema é muito comum entre idosos." Esse é um consolo pouco satisfatório para alguém que vai a seu médico pedir auxílio. Todos nós queremos ser respeitados como indivíduos, mesmo em idade avançada. Um tapinha nas costas não é o preço que os consumidores da área de saúde estão pagando, jovens ou velhos.

Por exemplo, o desequilíbrio químico no cérebro muitas vezes está na raiz de muitas desordens mentais como a depressão compulsiva e obsessiva. A prática médica advoga sua correção, que tem mostrado alívio comprovado destes problemas. Todavia, se nós simplesmente assumirmos que todos os pacientes idosos se tornam de-

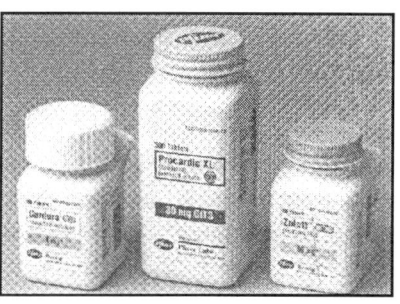

Zoloft é o remédio mais prescrito para depressão em idosos, porém interage com medicamentos usados por pacientes mais velhos, como Procardia XL. O Zoloft tomado com a nifedipina pode causar intoxicação.

primidos, vamos dizer que isso faz parte do envelhecimento e não procuramos tratamento para eles? Outra possibilidade, que eu tenho visto em minha prática, é a administração rotineira de antidepressivos em pacientes idosos sem a menor avaliação. O Zoloft (setralina) é com freqüência a droga escolhida para este grupo etário e pode, na maioria das vezes, ser prescrita pelo clínico geral sem uma avaliação psicológica apropriada.

É isso que nós estamos enfrentando. A hora de se preparar é agora. Nunca é tarde demais para melhorar a qualidade de sua vida, e é claro que para ter mais benefícios, você vai querer começar o mais rápido possível. Primeiro veja estas estatísticas:

- Em 1996 os mais velhos da geração *baby boomer* eram nascidos entre 1946 e 1964, e estão agora com 50 anos.
- Em 1996, os *baby boomer* representavam cerca de 30% da população na América.
- Pessoas com 50 anos ou mais têm uma renda média de $ 44.000, sendo que mais de 10% desta quantia de renda é discricionária.
- Apenas 1 entre 3 aposentados tem pensão.
- 95 milhões de americanos têm pouca ou nenhuma segurança de saúde.

Este livro ensina uma filosofia que você pode aplicar para tomar as rédeas da sua saúde. Você também aprenderá que produtos maravilhosos podem e devem ser adicionados ao seu programa diário para ajudá-lo a parecer e sentir-se melhor. Manter a performance mental e a retenção da memória em seu pico máximo também é uma solução para o envelhecimento, assim como evitar a crescente freqüência do mal de Alzheimer. A osteoporose e as doenças cardíacas também serão discutidas a fundo com idéias, nutrientes, ervas e alimentos recomendados para cada um. Finalmente, produtos para a pele e para o corpo feitos em casa para melhorar a saúde e aparência jovem também é um assunto citado. Um pacote de rejuvenescimento total!

Capítulo 1

SUA AVALIAÇÃO PESSOAL

*H*oje um dos principais dilemas na pesquisa da saúde é qualidadede vida *versus* quantidade de anos. A tecnologia é capaz de manter um paciente vivo sem ter reflexos espontâneos de respiração ou sem poder alimentar-se sozinho. Comprovando isto, muitos americanos estão vivendo em casas de repouso enquanto lhes dão uma dieta alimentícia e exercícios mínimos.

Não obstante a maioria dos planos de alimentação de tais instituições estar sob a orientação de dietistas registrados, é estimado que cerca de 40% dos pacientes admitidos nos hospitais saem sofrendo de subnutrição, mesmo que tenham dado entrada relativamente bem nutridos. Não seria justo jogar toda a culpa sobre os dietistas encarregados do serviço de alimentação das instituições, mas o sistema que os autoriza a selecionar os alimentos servidos deve certamente contribuir para tanto. Isto porque os dietistas têm que organizar a alimentação de grandes populações de pacientes institucionalizados com uma certa quantia de dólares. De fato, muitos deles foram treinados sobre orientações dos departamentos do Centro de Economia de suas escolas ou universidades. Portanto, a nutrição é de alguma importância, mas a alimentação é prioritária.

Muitas vezes, as pessoas procuram por clínicos para uma cura, todavia, negligenciam outros fatores de estilo de vida que podem adicionar saúde e longevidade em seu benefício. Não reconhecer a necessidade de escolha e capacitação pessoal quando se toma decisões no cuidado com a saúde mostra ao especialista que você não tem investido em melhorar. Esta falta de responsabilidade está, provavelmente, na origem da "desistência" na profissão médica de alguém que em sua opinião alcançou o fim de sua utilidade. Em outras palavras, a menos que você passe a se interessar e comece a fazer perguntas, seu médico deverá apenas dar-lhe algo para tratar os sintomas e não indicará as causas subjacentes a sua condição. Estas causas subjacentes começam com escolhas pobres de estilo de vida. Sim, todos nós sabemos sobre o malefício do fumo e do consumo excessivo de álcool, mas e a respeito de outras coisas? Eu me refiro àquelas gorduras hidrogenadas ocultas em nossos alimentos desidratados, manipulados quimicamente, ao chumbo na água, aos resíduos de pesticidas nas frutas e vegetais. A lista estende-se. Agora, antes que você desista e diga "bem, então eu acho que tudo é veneno", considere que a vida pode e de fato segue em frente e que há um grande número de indivíduos que dominam os segredos para evitar muitos desses problemas, cultivando a saúde até seus anos mais avançados.

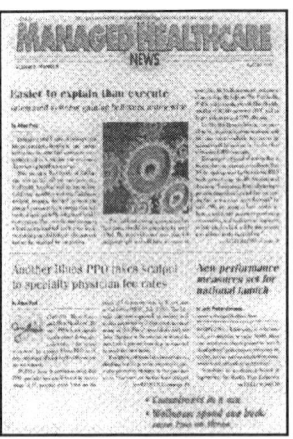

Acima à esquerda — Revista comercial para empresários da área de medicamentos, desenvolvida com o objetivo de mostrar as novidades do ramo. *Acima no centro* — Publicação direcionada às necessidades específicas dos farmacêuticos de hospitais, que estão restritos ao uso de determinadas drogas escolhidas pelos administradores dos hospitais, muitos dos quais não são profissionais de medicina. *Acima à direita* — Guia destinado especialmente a pacientes idosos, tratando sobre a absorção e excreção de drogas.

Começando por você mesmo, considere como as atitudes, crenças e preconceitos agem na manutenção do *status quo* no tratamento de pacientes idosos. Se podemos ser objetivos e honestos ao mesmo tempo, quais são nossas verdadeiras atitudes quando estamos parados ao lado de um cidadão mais velho no tráfego? Nós pensamos que é muito velho para dirigir, estando à beira de um acidente? Sentimos que deveria simplesmente sair da estrada, virar as costas e ficar em casa? Se isso ocorre, precisamos saber que esta é uma reação condicionada. Até mesmo as companhias de seguros sabem que os motoristas recém-licenciados são responsáveis pela maioria dos acidentes com veículos motorizados e cobram destes em seus prêmios. Nós somos encorajados a acreditar que, à medida que envelhecemos, devemos aceitar todo e qualquer declínio em nossa habilidade mental, memória e velocidade de reflexo, não importando qual seja a causa subjacente. Não dando atenção ao que pode estar causando os problemas, deixamos de descobrir suas respectivas soluções.

Estatísticas sobre o Envelhecimento

- A média da expectativa de vida para um homem americano, segundo dados do ano de 1984, é de 71,5 anos, ao passo que as mulheres podem chegar aos 78,2 anos. (Esta diferença está constantemente se estreitando devido ao aumento do número de mulheres fumantes ao longo dos anos.)
- Cidadãos mais velhos, atualmente, reclamam menos de indisposição do que sua contraparte de jovens trabalhadores.
- Apenas um em cada três aposentados tem uma pensão.

Aliado a estes números está o fato de que a maioria dos idosos vive com uma renda fixa. O preço dos alimentos e dos serviços se eleva trimestralmente, enquanto o custo de vida aumenta para pensões e Seguro Social que, freqüentemente, ficam muito à margem. Da mesma forma, as atitudes dos idosos a respeito do que seus corpos realmente precisam são as de evitar qualquer gasto extra em alimentos de alta qualidade e suplementos dietéticos. Isto se dá porque muitos cresceram durante a grande depressão e viram a constituição de suas famílias ser feita com pão branco, batatas e cachorros-quentes. O fato de terem chegado a uma idade avançada pode fazê-los pensar que a boa nutrição não é de fato tão importante e, sim, o que vale é um estômago cheio. Assim, os alimentos devem ser escolhidos de acordo com o preço, e não com a qualidade. Se os idosos conseguirem ver além destas respostas profundamente defensivas, eles notarão que podem fazer muito para aumentar a qualidade de suas vidas, da mesma forma que outros membros da sociedade. Eu fui empregada em uma farmácia que servia casas de repouso há muitos anos. Alguns recebiam uma dose diária de vitaminas líquidas sintéticas (derivados do coltar), mas a maioria era supermedicada com calmantes e sedativos. Os candidatos a este tipo de terapia incluem os pacientes que demandam muito mais atenção do que os funcionários da casa de repouso podem prover. Repetindo esse quadro talvez houvesse apenas algumas enfermeiras qualificadas na ala, com a extensão do pessoal de enfermagem consistindo em auxiliares de enfermagem, que não têm o mesmo nível de treinamento para lidar com pacientes. Portanto, não é difícil perceber quantos residentes das casas de repouso ficam rotulados como "pacientes-problema".

Devido a esses estereótipos, muitos aceitam as indisposições da terceira idade como parte do ciclo natural de vida do homem. Menos esforço pode ser feito no tratamento dos idosos ainda que muitos dos seus problemas de saúde não estejam relacionados à idade. Em muitas culturas, colocar os anciãos para fora da aldeia para morrerem ou serem comidos por animais selvagens era um modo de lidar com um indivíduo que tinha ultrapassado sua utilidade e que agora estava apenas consumindo recursos. Esta mentalidade de sobrevivência ainda está viva, até mesmo nas sociedades mais "civilizadas" como a nossa. No fundo nós aceitamos a passagem prematura de nossos idosos. Isto estaria relacionado às pressões sobre suprimento de alimentos à medida que a população mundial continua a aumentar juntamente com a fome e a pobreza do terceiro mundo.

Mesmo com estas afirmações condicionadas, devemos perceber que muitos dos efeitos físicos da idade podem ser diagnosticados e revertidos. Um exemplo característico: se uma pessoa jovem desenvolve catarata, uma cirurgia ocular é rapidamente agendada a fim de restaurar a visão normal. Quando um paciente idoso apresenta o mesmo sintoma, os médicos podem simplesmente creditá-la à idade e talvez nem indiquem a operação. Isto é verdadeiro se a pessoa está sendo cuidada e não está vivendo independentemente. A tecnologia e o procedimento são exatamente os mesmos na remoção de catarata para ambos os grupos etários. Porém, a visão das necessidades e do valor como ser humano do paciente mais velho é bem diferente da do jovem. "Ele tem uma vida inteira pela frente." "Ele ainda tem muito para viver." Estes pensamentos não são manifestados quando se trata de pessoas mais velhas. Contudo, para qualquer um de nós, uma vida inteira pela frente pode significar 30 anos ou mesmo 30 minutos. A Bíblia, poeticamente, chama nossa atenção ao fato de que o amanhã não está prometido para nós. Ninguém tem a certeza de viver no próximo dia ou no próximo minuto. A juventude não é, portanto, garantia de longevidade.

Capítulo 2

SUPLEMENTAÇÃO SUGERIDA PARA ADULTOS MAIS VELHOS
(Que querem sentir-se mais jovens!)

Este capítulo irá ajudá-lo a desenvolver um cardápio nutricional designado a preencher suas necessidades específicas. Não importa qual seja a sua idade; há muito que você pode e deve fazer para sentir-se e parecer melhor. Aqui, estamos começando pelo básico, mas você rapidamente verá como outros complementos nutricionais ou nutricêuticos podem ser usados para compensar muitos dos sintomas associados à idade. Na realidade, muito do que nós aceitamos ser apenas parte do envelhecimento pode ser atribuído a deficiências do regime alimentar. Essas deficiências tornam-se piores à medida que envelhecemos. Não somos capazes de absorver as vitaminas e minerais que eram facilmente assimilados na juventude. Em cada seção de minerais, vitaminas e ervas recomendados você irá encontrar artigos informativos do porquê de cada suplemento, assim como o que ele pode fazer por você. As quantidades precisas de nutrientes podem variar, dependendo de sua idade, peso e sexo. Por este motivo é melhor que se procure a orientação de um nutricionista ou consultor nutricional reconhecido. Eles levarão em conta condições médicas e problemas preexistentes que podem deixar alguns suplementos fora de seu alcance.

Portanto, veja os textos a seguir como linhas mestras básicas sobre as quais você pode construir a estrutura de seu caminho próprio e personalizado para a saúde e a longevidade.

SEU GUIA GERAL DE INGESTÃO DE VITAMINAS

Vitaminas e minerais interagem entre si e com muitos alimentos. Em alguns casos, estas interações otimizam sua absorção. Em outros, a bloqueiam. Seguem-se algumas indicações para você assegurar-se de que está ingerindo e absorvendo o que necessita:

- Não tome uma porção de pílulas ao mesmo tempo. A capacidade de absorver superdoses ou multidoses é limitada e o excesso vai ser eliminado na urina. Tente tomar pequenas quantias ao longo do dia com as refeições, já que a maioria das vitaminas acopla-se a uma molécula de proteína sendo absorvida mais facilmente.
- Evite tomar durante a mesma refeição cálcio e multivitaminas ou suplementos contendo ferro ou zinco. O cálcio bloqueia a absorção destes elementos. Em vez disso, ingira-o durante a noite, isolado de outros suplementos e medicamentos, quando ele terá uma melhor chance de ser absorvido por seus ossos.
- A vitamina C facilita a absorção do ferro. Tomar um suplemento que contenha ambos aumenta a biodisponibilidade e a assimilação do ferro.
- Tanto o ferro como o cálcio são mais bem tolerados com alimento, apesar de sua absorção ser ligeiramente diminuída. Vitaminas lipossolúveis — A, D, E e K — são mais bem assimiladas com alimento, especialmente refeições contendo alguma gordura.

Tenha sempre em mente que suplementos minerais, como o cálcio, podem conter ocorrências naturais de metais pesados contaminadores. São um exemplo os suplementos de cálcio, originalmente derivados de sedimentos de calcário (carbonato de cálcio), farinha de ossos ou carapaças de ostras. Eles podem facilmente ter concentrações de chumbo mais altas do que o permitido. Para agravar a situação, a maioria dos produtos de calcário ou conchas não tem muita biodisponibilidade e, portanto, fará pouco ou nenhum benefício a seus ossos, enquanto desgasta seus delicados tecidos. É assim que nascem os cálculos renais.

Você Está sem Cálcio?
"O melhor tipo de cálcio para você e para seus ossos"

Há uma grande variedade de suplementos vitamínicos no mercado. Os carbonatos de cálcio encontrados em produtos baratos como o Caltrate podem não ser adequadamente absorvidos. As mulheres necessitam entre 1.000 e 1.500 mg de cálcio natural diariamente para assegurar não só uma boa densidade óssea, mas também um apropriado funcionamento cardíaco e neurológico.

Nossos corpos podem absorver apenas 600 mg de cálcio por vez, de modo que a superdosagem traz mais danos que benefícios. A escolha do momento oportuno também é essencial. Tomar cálcio antes de dormir ajuda a garantir que ele penetre nos ossos e não seja absorvido por células musculares competidoras, tentando processar ácido láctico.

Fontes dietéticas são um bom lugar por onde começar, mas não invista demais em produtos lácteos. Os escandinavos são os maiores consumidores mundiais de derivados do leite, e, mesmo assim, possuem a maior incidência de osteoporose. O brócolis, a couve, sementes de gergelim e sardinhas com espinha são todos ricos em cálcio.

Tradicionalmente, as índias americanas fazem uso da *Rubus idaeus*, ou folhas da framboesa vermelha, como uma fonte absorvível tanto de cálcio como de seu auxiliar, o magnésio, junto com outros minerais residuais, naturalmente balanceados. Elas também comem fígado de peixe, rico em vitaminas A e D pré-formadas. Tudo isso proporciona uma aproximação sinérgica para a construção e manutenção da densidade óssea até a idade avançada.

Hoje, especialmente, é difícil adquirir a quantidade correta de cálcio de sua dieta. Outros fatores como pouco ácido clorídrico no estômago e aversão ou alergia a muitos alimentos ricos em cálcio tornam as coisas piores. Escolhas de suplementos de cálcio incluem citratos de cálcio e uma nova substância chamada hidroxiapatita microcristalina, a única forma de cálcio avaliada pela FDA pela efetiva reversão da osteoporose.

O melhor conselho é tomar o exemplo de meus ancestrais americanos. A combinação de dieta, exercício, sol e ervas conferiram um caminho multidirecional para pessoas que não possuíam conhecimento ou tolerância a produtos lácteos e suplementos de cálcio.

A Ligação do Magnésio com a Saúde do Coração

"Sua função em combater males do coração"

Enquanto os cientistas sabem há muito tempo que os males do coração são menos comuns em áreas onde a água potável contém grandes quantidades de magnésio e outros sais minerais dissolvidos, eles desconheciam, até pouco tempo, a que ponto uma deficiência dietética de magnésio pode afetar a saúde humana.

Pesquisadores suíços descobriram que pessoas que têm diagnóstico de doença coronária possuem níveis de magnésio mais baixos do que o normal nos glóbulos vermelhos do sangue. Após seis meses tomando um suplemento de magnésio, os pesquisadores descobriram que os ataques de dores fortes no peito foram significativamente reduzidos. Outra peça-chave para este quebra-cabeça é o fato de que a aspirina usada em estudos americanos que a ligam a uma redução dos ataques cardíacos subseqüentes era em comprimido. O agente compressor usado neste tipo de aspirina é, você adivinhou, o magnésio!

Especialistas em nutrição supõem que cerca de 90% dos americanos correm o risco de sofrer de deficiências de magnésio. As melhores fontes são os vegetais folhosos escuros, tais como o repolho crespo, o nabo e a couve para nomear apenas alguns.

A quantidade de magnésio recomendada é de 50 mg, tanto do magnésio orotato como do aspartato. Suplementos minerais quelados são também relativamente mais bem absorvidos do que os não-quelados. Minerais como o cálcio e o magnésio são necessários não só para evitar a osteoporose, mas desempenham também uma função importante nas atividades cardíacas e musculares. O selênio, mineral residual, tem sido suspeito de auxiliar na prevenção de muitos tipos de câncer. A incidência do câncer aumenta com a idade, portanto, este é um mineral residual que todos deveriam tomar. De acordo com o *Journal of Practitioner's Health Alliance for Responsible Medicine,* muitos estudos têm mostrado uma correlação entre cânceres fatais e a deficiência de selênio. A seguir, uma reedição do artigo referido na coluna de Farmacognosia entitulado:

A Solução do Selênio
"Pode ser a chave para a prevenção de muitos cânceres"

Apesar de o consumo excessivo de selênio ter sido no passado suspeito da ativação de alguns cânceres, a pesquisa recente não confirmou as antigas alegações de que o selênio seria carcinogênico (causador de câncer). Recentemente, a situação inverteu-se de tal modo, apontando o selênio como um dos mais poderosos preventivos contra essa doença sob investigação na atualidade. Deve ser interessante notar que, já no ano de 1977, pesquisava-se sobre a relação entre a baixa ingestão de selênio e o aumento dos cânceres. As mortalidades por câncer de acordo com a idade foram correlacionadas com estimativas de ingestão de selênio nos Estados Unidos e outras nações calcularam a partir de dados do consumo de alimentos ou pela medida real do teor de selênio em sangue coletado. Correlações inversas foram observadas em câncer do cólon, reto, próstata, mama, ovário e leucemia. (Schrauzer GN et al. Estudos de correlação da mortalidade do câncer-III: Associações estatísticas com ingestões dietéticas de selênio. *Química Bioorgânica.* 7:23, 1977.)

Em 1985, resultados de um estudo de quatro anos reportaram o seguinte: 51 pacientes com câncer foram envolvidos em um estudo monitorado que investigou a relação entre as concentrações na linfa de selênio e as de vitaminas A e E. Os cânceres malignos corresponderam à deficiência de selênio. A vitamina E contribuiu para esse efeito, e homens fumantes com baixos níveis tanto de selênio quanto de beta-caroteno demonstraram uma maior incidência de câncer no pulmão. (*Med. Brit. J.* 290:417, 1985)

O selênio, assim como as vitaminas A e E, é classificado como antioxidante, mas diferente destas, o selênio oferece uma proteção única contra o câncer. Em um estudo de observação de 4.800 adultos, o risco de um desenvolvimento subseqüente de câncer parece ser prognosticado pelo nível de selênio na linfa, mas não pelo nível da vitamina A carotenóide ou da vitamina E. (*Rev. Nutr. 42 (6)*: 214-5, 1985)

Exatamente de quanto nós precisamos desse mineral residual? Tem sido estimado que 250 a 300 mcg diariamente podem prevenir a maioria dos cânceres. Em contraste, o consumo normal de selênio nos Estados Unidos é de apenas 100 mcg por dia ou somente um terço da quantia recomendada para a prevenção do câncer. (*Schrazer, Gerhard, Ph.D.*, 1981)

HPB E A CONEXÃO COM O CÁDMIO
"O zinco e o selênio podem ser a solução"

A Hiperplasia Prostática Benigna, ou HPB, tem por muito tempo sido considerada um perturbador (muitas vezes no meio da noite), e as mudanças fisiológicas masculinas serem antecipadas na meia-idade. Após os 50 anos de idade, a testosterona de um homem diminui, ao passo que outros hormônios como a prolactina e o estradiol aumentam. O aumento da próstata ocorre quando a testosterona, entrando nas células do órgão, é convertida em dihidrotestosterona. É esta substância, DHT, que adentra o núcleo da célula e estimula a síntese de proteínas, a qual causa o crescimento anormal da próstata. Esta vai progressivamente comprimir a uretra que passa através dela. O efeito é muito similar a alguém em pé sobre uma mangueira, impedindo deste modo a passagem da água.

Danos aos rins e infecções na bexiga são comuns nestas condições. Os sintomas primários incluem idas freqüentes ao banheiro e diminuição do fluxo urinário em cerca de 50% nos homens de 60 anos e perto de 80% nos que têm mais de 70. Um total próximo de 10 milhões de homens americanos são afetados por esta condição. Até pouco tempo, pensava-se que isto era uma parte inevitável do processo de envelhecimento. Agora a ciência está ciente que os fatores ambientais e nutricionais desempenham um papel importante na solução do problema.

Um estudo controlado mostrou que 14 entre 19 homens mostraram melhora quando tomaram o zinco mineral na quantia diária de 150 mg por 2 meses, com uma dose diária de manutenção de 50 a 100 mg. Isto foi demonstrado em 14 dos pacientes apresentando encolhimento da próstata, avaliado pelo toque retal, raio X e endoscopia (Bush IM et al Zinco e a Próstata). O zinco é um mineral constitutivo, crucial para a função da glândula próstata e o crescimento normal dos órgãos reprodutores. Deficiências de zinco aparecem como queda de cabelo, altos níveis de colesterol, visão noturna prejudicada, impotência, distúrbios da memória e, é claro, problemas na próstata. A parte mais desanimadora é que todos estes sintomas são associados com o simples fato de envelhecer!

Não devem ser omitidas nossas exposições modernas a respeito dos metais químicos e pesados, muitos dos quais são carcinogênicos. Um estudo de observação fez um exame rigoroso sobre a exposição do cádmio. O cádmio é um metal branco-azulado-claro usado industrialmente em baterias de galvanoplastia e reatores atômicos. As concentrações de cádmio na próstata em pacientes com HPB foram medidas pela espectroscopia de absorção atômica e tidas como consideravelmente mais altas do que no tecido normal (23.11+/-3.28 versus 5.25/-0.62 nmol/g). Os níveis de DHT na próstata eram diretamente proporcionais às concentrações de cádmio.

Parece ser evidente que o selênio, mencionado previamente para a prevenção do câncer, protege da estimulação ao crescimento do tecido ou epitélio prostático induzida pelo cádmio. Os pacientes empreendem uma análise elementar não invasiva que pode avaliar as proporções tanto de cádmio tóxico quanto de selênio/zinco benéfico. Isto se dá pela simples análise do cabelo.

Minerais Diários Sugeridos

- *1000-1.500 mg de cálcio (preferivelmente apatita de cal ou citrato de cálcio);*
- *200 mg de magnésio (quelado);*
- *300 mcg (microgramas) de selênio, um mineral residual;*
- *50-100 mg de zinco (quelado).*

Nota: *Muitas pessoas optam por um complemento multimineral completo. Isto é bom, mas previna-se de altas dosagens de minerais, pois eles podem sobrecarregar os rins e causar-lhes danos. Se você adquirir um produto multimineral, certifique-se de tomar apenas as quantidades citadas acima e não mais.*

Você É o Que Você Absorve

"Por que você pode precisar das enzimas digestivas"

É fato conhecido que a limitação da variedade de alimentos consumidos pode causar uma diminuição nas enzimas digestivas. Em minha prática como consultora nutricional registrada, tenho visto muitos casos do gênero que provam isso.

Veio a mim uma mulher de quarenta anos reclamando de gases e indigestão severa após comer qualquer coisa. Sua história, uma anoréxica recuperada, mostrou que ela limitara suas escolhas alimentares a três itens: biscoitos, queijo e manteiga de amendoim. Após algum tempo, qualquer outro alimento ingerido resultava em flatulência e dispepsia.

Foi-lhe receitada uma relação de enzimas digestivas que lhe permitiriam digerir alimentos evitados como carnes, cereais integrais, vegetais e frutas. Isso permitiu a ela alguma nutrição até que seu corpo pudesse começar a produzir mais enzimas digestivas. A teoria de como isso ocorre está no padrão do problema que muitos adultos têm com intolerância à lactose. Nós bebíamos leite quando crianças, mas quando nos tornamos adultos acabamos parando. Conseqüentemente, nossos corpos não mais produzem lactase, que trabalha na lactose básica. Podemos provar assim que o corpo não produz aquilo que ele não precisa ou usa. De modo similar, quando eliminamos um grupo de alimentos por longos períodos de tempo, não se pode esperar produzir instantaneamente as enzimas para digeri-los quando eles são novamente reintroduzidos. À medida que aumentava a variedade de alimentos que esta paciente consumia, aumentava a diversidade de enzimas que ela produzia para digeri-los.

Essa pessoa era jovem e saudável. Mas e quem é mais velho? Bem, condições especiais aplicam-se aqui. Como essa paciente jovem, pessoas mais velhas começam restringindo a variedade de alimentos que comem. Por quê? Elas, na maioria das vezes, podem ter suas dietas restringidas devido à pressão sangüínea alta, colesterol alto ou princípio de diabete adulta. Vivendo com uma renda limitada, os idosos tendem a comprar alimentos baratos e fáceis de preparar. Existem ainda outros fatores fisiológicos. Por exemplo, à medida que envelhecemos, nós não produzimos tanto ácido clorídrico quanto costumávamos produzir. Esta redução implica inabilidade em quebrar minerais como o cálcio e suplementos. Tomar produtos antiácidos para neutralizar o ácido estomacal apenas torna as coisas piores. De fato, um estômago que não produz ácido clorídrico suficiente tende a agitar-se *mais* justamente para concluir a separação inicial do alimento. Portanto, a azia pode ser um sinal de que seu estômago está produzindo *pouco* ácido.

Observe uma criança. Quanto ela pode comer e com que combinações loucas! Ainda assim, raramente você vai ouvi-la reclamar de azia, gases ou indigestão mesmo após ter consumido grandes quantidades de refrigerante, bolos e doces. Isto ocorre porque a juventude a dotou de ótimas quantidades de enzimas digestivas e de ácido clorídrico.

ENZIMAS DIGESTIVAS RECOMENDADAS

Mamão em pedaços com as Enzimas, Papaína, Lipase, Protease, etc. HCL se necessário.

Tome o mamão em fatias antes das refeições. Pessoas com úlceras não devem usar nenhuma fórmula de enzimas digestivas com ácido clorídrico ou HCL. O ácido clorídrico contido em produtos deve ser tomado *após* as refeições para obter melhores resultados.

Suas Vitaminas Diárias
"O que e quanto tomar"

Nada é mais desconcertante do que entrar em um loja de alimentos saudáveis ou drogaria e ser bombardeado pela quantidade e variedade de suplementos nutricionais disponíveis hoje em dia. Também não é uma coincidência. As vendas de suplementos nutricionais nos Estados Unidos foi lucro certo ao longo dos anos. Pela primeira vez, você vê os estoques de megacompanhias farmacêuticas como a Merck e a Johnson & Johnson acabarem. As pessoas têm mais acesso à informação confiável (como o livro que você está lendo), e estão querendo ter mais responsabilidade com sua saúde.

Nos anos 70, a superdosagem de vitaminas era popular. Isto ocorre quando se toma mais de mil vezes o requerimento diário de um nutriente. A teoria por trás deste método é a de saturar em demasia os tecidos e superar as deficiências o quanto antes. Certas vitaminas são pouco absorvidas pelo estômago, como a B_{12}. Assim, ingestões de certas vitaminas tornaram-se populares, porque seria possível atingir ótimos níveis linfáticos em poucos segundos, não em dias. Exames de sangue para deficiências vitamínicas também eram feitos. De qualquer modo, foi descoberto que eles não davam uma indicação acurada do nível daquela vitamina no corpo. Isto porque os exames de sangue avaliavam apenas a quantia daquele nutriente circulando no sangue naquele momento. Os níveis das vitaminas vão naturalmente ser mais altos após uma refeição ou ingestão de um suplemento.

De importância particular é a ingestão de excessiva quantidade de vitaminas lipossolúveis, como a A e a D, por exemplo. Estudos recentes têm mostrado que a vitamina A em excesso (retinol) pode ser tóxica e até mesmo aumentar o risco de deficiências em recém-nascidos. Por este motivo, recomenda-se que mulheres grávidas ou que tenham criança de colo não tomem mais que 5.000 UI da vitamina A pré-formada. A vitamina A pré-formada ou retinol é encontrada no óleo de fígado de peixe e no óleo de fígado de bacalhau e de tubarão. Ela é assim conhecida porque a vitamina A é pré-formada ou manufaturada no fígado do peixe. Pode causar danos ao fígado se tomada em demasia. O beta-caroteno, encontrado em vegetais amarelos e em couves, é uma história diferente. Esta forma de vitamina A é convertida apenas quando necessária para o fígado, de modo que oferece pouco risco de toxicidade na superdosagem.

No decorrer do tempo, processos como a quelação (ligação com uma molécula de proteína) foram desenvolvidos em um esforço para assegurar a melhor absorção dos nutrientes em forma de pílula. Este é um ponto fundamental que influenciará nas escolhas dos suplementos a serem comprados. Eu leciono em um curso chamado A Farmácia Natural, na Universidade de Brookdale em Lincroft, NJ, onde fui auxiliar do corpo docente por mais de 11 anos. Uma das coisas que mostrei aos alunos neste curso foi como as vitaminas vão variar de tipo para tipo na capacidade de absorvê-las.

Para fazer um teste e ver como a vitamina aglutina-se, tente este antigo método usado nos meus dias de pesquisa laboratorial farmacêutica. Você vai precisar dos seguintes equipamentos para este experimento.

Teste de Biodisponibilidade

- *8 onças (N. do T.: 236,576 ml) de vinagre branco à temperatura ambiente;*
- *Copo ou proveta de 1-8 onças (N. do T.: 29,572 ml — 236,576 ml);*
- *Pílula da sua vitamina favorita.*

Coloque a vitamina na proveta com vinagre e deixe-a lá por 20 a 30 minutos à temperatura ambiente. Confira os resultados após passado esse tempo. A pílula está dividida em blocos ou em agregados? Seja como for, esta vitamina vai sofrer o mesmo processo no intestino delgado quando a digestão se realiza. A pílula ainda está inteira? Má notícia, aquela pílula está simplesmente sendo passada pelo tubo digestivo sem ser quebrada ou absorvida!

Então, o que você pode fazer? Bem, existem muitas opções disponíveis hoje em dia. Uma delas é mudar o tipo de vitamina. Há muitas vitaminas disponíveis, como as mastigáveis e as líquidas. Gosto daquelas que tem um suplemento vitamínico líquido muito fácil de ser absorvido. Outra opção são as vitaminas mastigáveis para adultos. Associadas com vitaminas infantis, as estas oferecem uma alternativa para aqueles que têm problemas em engolir pílulas grandes. Quando a vitamina é mastigada ela é quebrada em pedaços menores e mais absorvíveis como citado anteriormente. Existem ainda enzimas digestivas naturais presentes na saliva que iniciam o processo digestivo na sua boca. O resultado é conseguir tudo aquilo que você poderia extrair daquele suplemento.

A vitamina C teve muita atenção nos últimos 20 anos. Linus Pauling, o cientista que ajudou a descobrir a estrutura do DNA, a usava em grandes quantidades e fez muitos estudos a respeito de sua utilidade no combate a doenças. De fato, Linus Pauling foi um precursor de um ramo da ciência médica chamado medicina ortomolecular. Resumidamente, a medicina ortomolecular lida com a correção de deficiências em nível celular para promover a função normal dos órgãos associados.

Pauling estava à frente de seu tempo, enquanto nós estamos percebendo que as deficiências de vitaminas são responsáveis por todo um conjunto de sintomas categorizados como distúrbios relacionados à idade.

A vitamina C deve ser tomada em forma de comprimido. Isto porque grandes doses, ou o ácido ascórbico mais barato e comum, podem causar uma acidez excessiva no corpo, podendo ser prejudicial a tecidos delicados. O pH saudável para o corpo é entre 6.0-6.5. Na escala de pH que vai de 1 a 14, um pH de 6.5 está exatamente abaixo do neutro e um pouco do lado ácido. Essa leve tendência para a acidez ajuda a proteger o corpo de infecções. Bactérias, germes e fungos percebem um pH ácido como um meio hostil para seu crescimento. Deste modo, mulheres com pH urinário de 7 ou mais elevado (alcalino) podem ser muito mais suscetíveis a infecções do trato urinário. É por isso que suco e concentrados de oxicoco são para estas infecções. O oxicoco acidifica a urina e constrói um ambiente hostil para o crescimento de microorganismos.

A vitamina E ou o d-alfa tocoferol (umbiquolona) deveria ser uma parte da relação de vitaminas de quase todo mundo. Contudo, a maioria dos estudos clínicos feitos envolvendo a vitamina E e a saúde do coração tem feito uso do d-alfa tocoferol natural. Esta forma parece ser mais bioativa do que a forma sintética. Então, quando for comprar cápsulas de vitamina E, você pode querer gastar apenas um pouco mais para adquirir a forma natural. A vitamina E é muito similar à co-enzima Q-10 em sua estrutura molecular. É igualmente um antioxidante muito útil. As pessoas são capazes de sentir os benefícios rapidamente, mas tenha cautela, pois o uso inicial da vitamina E pode causar um aumento temporário da pressão sangüínea. Você pode iniciar tomando apenas 100 UI por dia durante uma semana, adicionando mais 100 UI a cada semana. Deste modo você estará atingindo os 400 UI no decorrer de tempo.

As vitaminas do complexo B devem ser tomadas exatamente assim, em um complexo. Você vai querer ter todo o equilíbrio natural do grupo B (B_1, B_2, B_6, etc.) inteiro. Isto porque, se você tomar mais do que uma das vitaminas do complexo B, pode exaurir seu corpo das outras. Pessoas que correm o risco de sofrer deficiências de B_{12} incluem os vegetarianos que não consomem nenhum produto de origem animal. A B_{12} não é encontrada em muitas plantas, exceto nas algas, alfafa e nos lúpulos. Também não é certo o quanto a B_{12} de fontes vegetais é absorvida. Suas melhores fontes são fígado, ovos, mariscos, arenque, cavala e produtos lácteos. A família da vitamina B é muito importante se quisermos manter um vigoroso funcionamento do cérebro.

B É PARA O CÉREBRO
"Deficiências de vitamina B e
o diagnóstico errôneo do Mal de Alzheimer"

À medida que envelhecemos, a absorção do grupo de vitaminas B diminui. É por isso que suas deficiências são freqüentemente vistas nos idosos. O mal de Alzheimer não é uma parte normal do envelhecimento. É o inexorável declínio na função mental e a perda de memória devido à destruição anormal das células do cérebro. Na maioria das vezes, o primeiro sinal desta doença é a perda da memória de curto prazo. O paciente lembra com quem freqüentava o colégio, mas esquece onde estava ou o que fez naquela mesma manhã. Médicos e familiares não devem concluir que alguém tem esta doença só porque está se tornando esquecido. Enquanto a incidência de Alzheimer aumenta com a idade, ainda não há confirmação desta doença senão depois da morte. Isto ocorre porque apenas após a morte o cérebro pode ser adequadamente examinado com a autópsia. O que surpreende é que a falta de vitamina B_{12} (cianocobalamina) imita os sintomas de Alzheimer. Pacientes que haviam sido diagnosticados com esta doença estavam de fato com uma deficiência de B_{12}. Uma vez corrigida esta falta, muitos retornavam a suas funções normais do cérebro e da memória. Todas as vitaminas do complexo B devem ser incluídas, mas este é um exemplo de quando uma delas está faltando, sintomas adversos podem ocorrer.

B_1 (tiamina). Outra vitamina do complexo B digna de atenção é a vitamina B_1 ou tiamina. Ela melhora a circulação geral e auxilia a função do cérebro e a habilidade cognitiva. Agindo como um poderoso antioxidante, protege o corpo dos efeitos degenerativos da idade. Por exemplo, o beribéri é uma desordem do sistema nervoso causada pela falta de vitamina B_1. Os componentes de seu sistema nervoso central incluem o cérebro e a medula espinhal, que são diretamente afetados. Conseqüentemente, esquecimento, nervosismo e pouca coordenação motora somam-se a sintomas normalmente associados à idade avançada e ao mal de Alzheimer.

Niacina ou vitamina B-3 (riboflavina). Esta vitamina B auxilia na função do sistema nervoso. A niacina reduz o colesterol e aumenta a circulação. É muito útil para pacientes com esquizofrenia e outras doenças mentais. A niacina é um excelente tônico para a memória. Se você tem diabete, glaucoma, gota, úlceras ou doença no fígado, deve usar a niacina apenas sob orientação de um médico.

A **vitamina B_6 ou (piridoxina)** é requerida para que o sistema nervoso central opere com plena capacidade. É necessária para o normal funcionamento do cérebro tanto de jovens quanto de idosos. Lembre-se de que a absorção de todas as vitaminas B podem diminuir quando envelhecemos. Por isso precisamos ser vigilantes e ter certeza de que as estamos incluindo em nosso regime diário.

A **cholina** é necessária para a transferência rápida dos impulsos nervosos do cérebro por meio do sistema nervoso central. Sem este componente do complexo B, o funcionamento do cérebro e a retenção da memória são severamente prejudicados. A cholina é encontrada principalmente na lecitina de soja junto com o outro fósforo — contendo ácidos graxos inerentes a esta composição. Todavia, você pode adquirir um Complexo de Fosfatidil Cholina de 1.300 mg por cápsula. Este é o triplo da potência das cápsulas de concentrado de lecitina normais. A lecitina faz o revestimento da mielina das células nervosas e facilita a transmissão de sinal de uma célula para a outra. Esta é talvez a melhor recomendação para preservar e mesmo melhorar o funcionamento do cérebro à medida que envelhecemos.

O melhor conselho é escolher um suplemento vitamínico natural (a maioria são derivativos do coltar), que seja baseado em alimentos. Produtos em cápsulas gelatinosas são com freqüência melhores que tabletes comprimidos. Isto porque a camada de gelatina dissolve mais facilmente no estômago do que uma pílula dura. Olhe no frasco antes de comprar. Eu uso duas peças de cápsulas de gelatina em meu curso de Farmácia Natural. Os estudantes aprendem a combinar suas próprias ervas, enzimas alimentares e pós-nutricionais para fazer seus suplementos dietéticos. É algo muito capacitador!

Aqui segue uma recomendação simples para construir as bases de um programa de vitaminas econômico. O suplemento primário vai ser o seu multivitamínico. Então, você pode desenvolver, a partir daí, outros suplementos que, muitas vezes, não estão disponíveis em uma quantia suficiente.

Vitaminas Diárias Recomendadas

- **Suplemento balanceado do complexo B** (deve conter todas as vitaminas do complexo B);
- **500 mg de ester de vitamina C**;
- **400 UI de vitamina E natural ou d-alfa tocoferol** (pode aumentar temporariamente a pressão do sangue quando usada pela primeira vez);
- **Multivitamínico sem ferro baseado em alimentos diários**.

Capítulo 3

SUAS ERVAS CONTRA O ENVELHECIMENTO
"Ervas para saúde e longevidade"

GINKO BILOBA PARA MUITO MAIS QUE APENAS MEMÓRIA!

O ginko biloba tomou a atenção do público como um remédio para memória fraca e acuidade mental. Você vê jovens executivos propagando que o ginko lhes deu uma perspicácia mental para terem uma performance melhor em seu trabalho. A verdade é que para a maioria das pessoas com menos de 65 anos, o ginko oferece retornos minimizados com o aumento da circulação do sangue no cérebro. Isto porque abaixo da idade de 65 anos, a circulação sangüínea da maioria dos adultos é bastante suficiente. Você não verá um declive notável até depois dos 70 na maioria das pessoas. Adultos mais jovens ainda podem beneficiar-se das qualidades antioxidantes do ginko. A árvore de ginko, ou avenca-cabelo-de-vênus, é muito popular em áreas urbanas por causa de sua tolerância à fumaça e à poluição do ar. As mesmas qualidades antioxidantes que a habilitam a sobreviver em ambiente tão tóxico a tornam muito apropriada para a aplicação em humanos. A mistura de ervas abaixo combina o ginko numa fórmula sinérgica rica em antioxidantes e estimuladores para o cérebro que, seguramente, vão acordá-lo de manhã:

Mistura Superior Poderosa para o Cérebro

- *1/2 copo de manjericão desidratado;*
- *1/8 de copo de alecrim desidratado;*
- *1/4 de copo de folhas de hortelã desidratadas;*
- *1/4 de copo de folhas de ginko desidratadas.*

Moa as folhas secas até apurar. Coloque em um passador de chá e mergulhe em meio litro de água recém-fervida por 3 a 5 minutos.

A hortelã estimula o cérebro enquanto o manjericão e o alecrim elevam a função e a agilidade mental. O alecrim também é um fantástico antioxidante, protegendo as células do cérebro das devastações dos radicais livres normalmente ocorrentes. É um ótimo auxílio para a retenção da memória. Só não o use à noite, pois ele vai mantê-lo de olhos bem abertos! Para este fim, você deve substituir o concentrado de ginko biloba padrão pelas folhas desidratadas de ginko. Isto deve ser tomado com ou sem o chá. Todavia, mais uma vez, evite os comprimidos herbáticos de ginko. Eles são muito difíceis de serem desagregados para absorção. Tente comprar ginko em duas peças de cápsulas de gelatina ou mesmo em finas cápsulas de gel. Elas vão desagregar-se muito mais facilmente para a assimilação no intestino delgado e, então, você aproveitará melhor o valor do seu dinheiro.

Um produto padronizado significa que uma certa porcentagem dos componentes bioa-

Folha da árvore de ginko biloba.

tivos daquela erva é garantida em cada frasco que você comprar. Alguns herboristas acreditam que isso não é o importante e sim o uso da erva inteira. Pode haver alguma verdade nisto. As ervas são tão complexas que nós não podemos de fato escolher apenas um componente químico da planta e dizer:
"Este é o componente ativo."
Podemos, contudo, fazer uma suposição instruída e assegurarmo-nos de que o produto tem estes componentes bioativos adicionados à erva inteira. Aqui você tem o melhor de dois campos e um produto herbático mais completo. Para provar isso, muitos estudos sobre os efeitos do ginko contra o envelhecimento no cérebro e no corpo são feitos usando EGB ou extrato de ginko biloba. É mais fácil delinear resultados de laboratório consistentes quando o extrato de ginko biloba mais uniforme é usado.

GINKO PARA IMPOTÊNCIA MASCULINA
"Útil na disfunção erétil masculina"

O ginko faz muito mais do que aumentar o fluxo de sangue para a cabeça e prover proteção antioxidante contra os radicais livres. Um estudo publicado no Jornal de Urologia mostrou que o ginko atenua a impotência causada pelo estreitamento das artérias que levam sangue até o pênis. Foi dado a 60 homens com problemas de ereção, causados pelo impedimento do fluxo de sangue peniano, 60 miligramas de ginko por dia. Depois de um ano, metade dos homens recuperou a ereção. De acordo com o escritor e farmacologista Varro Tyler, "... há muita literatura atestando a efetividade do extrato de ginko biloba (EGB) em alimentos tratados, associados com a queda do fluxo sangüíneo cerebral, particularmente em pacientes geriátricos. Estas condições incluem perda de memória de curto prazo, dor de cabeça, zumbido no ouvido, depressão e similares. Os estudos clínicos e farmacológicos têm mostrado que o extrato de ginko biloba promove a vasodilatação e melhora no fluxo sangüíneo tanto nas artérias como nos capilares. Há também indicadores de que ele é um efetivo devorador de radicais livres. Grandes doses são necessárias, o que explica o porquê do uso de um concentrado em vez da própria erva". Tyler continua, dizendo que a fórmula usada comumente é um extrato concentrado, padronizado em 24% de flavonóide e 6% de terpenos.

O herborista Michael Hoffman cita a pesquisa que mostra os benefícios do ginko na normalização da pressão sangüínea no sistema circulatório. Parece que o ginko reduz a tendência de formação de coágulos nas veias e artérias, sendo seu uso sugerido na prevenção de trombose coronária e na recuperação de arritmia e ataques cardíacos. Demonstrou-se que ele baixou a pressão sangüínea e dilatou veias sangüíneas periféricas em pacientes que sofriam de trombose. Em breve você verá o extrato de ginko biloba tomar a posição central tanto na prevenção da trombose como na normalização da pressão sangüínea.

Fruto do Pilriteiro para Pressão Alta e Males do Coração
"Ajuda natural para seu coração"

Observa-se outro fator que é tido como parte do envelhecimento: o ataque de pressão alta. Praticamente todo livro médico vai dizer que, quando envelhecemos, as artérias ficam revestidas por camadas e o lúmen, ou diâmetro interno, fica menor. Esta passagem constrita não dá à artéria a capacidade de flexão normal; conseqüentemente, a pressão sangüínea aumentará. Muitos gráficos de pressão sangüínea corroboram com isso mencionando que a pressão sangüínea normal para uma pessoa de 70 anos pode chegar a 166/91. O foco aqui está completamente errado. Por que não perguntamos como as artérias se fecham e, depois disso, o que pode ser feito para recobrar a sua função normal? A pesquisa científica sobre dietas ricas em gorduras saturadas ou de origem animal tem indicado que as escolhas alimentares são a causa. Em qualquer caso, não importa o que tenha acontecido no passado, você tem a oportunidade de reverter a situação. Uma erva que está provando ser uma aliada valiosa na luta contra males do coração e hipertensão é o fruto do pilriteiro.

O pilriteiro (da espécie *Crataegus* da família das rosáceas) tem sido usado por muitos anos para prevenir parada cardíaca na Europa. Os ingredientes ativos são extraídos dos frutos, folhas e flores, e incluem antioxidantes como a qüercetina e a rutina. Estudos feitos na Checoslováquia, Estados Unidos e Alemanha sugerem que o pilriteiro beneficia a saúde cardíaca em muitos níveis. Na diminuição da pressão sangüínea, o pilriteiro age dilatando os vasos sangüíneos periféricos, moderando o ritmo cardíaco e pela inibição da ECA (enzima conversora angiotensin) suave. Tudo isso adicionado a menor tensão no coração e nas artérias coronárias. A pacientes na classe funcional II (brando a moderado) da Associação do Coração de Nova Yorque, com parada cardíaca, foi dada uma dose diária de 600 mg de extrato de pilriteiro. Após um período de oito semanas, os pacientes do estudo mostraram uma melhora clínica notável.

É preciso ter cuidado, no entanto, no uso do pilriteiro junto com medicamentos para o coração baseados na dedaleira como o Lanoxin (digoxina). Esta interação requer uma dose menor de até 1/4 da droga da prescrição. Os benefícios do pilriteiro para o coração e pressão sangüínea desenvolvem-se lentamente ao longo do tempo. Quando se usa ervas é preciso lembrar que as potências podem variar de ano para ano, de acordo com o solo e as condições de crescimento, nível pluvial e do armazenamento antes do processamento. A padronização, portanto, faz-se muito desejável. Todavia, alguns dos melhores produtos herbários vêm de plantas que você mesmo cultivou. Você estará usando a erva por inteiro com todos os seus constituintes em suas complexidades.

Cultivar suas próprias ervas pode ser gratificante, já que mesmo pessoas com *brown thumbs* percebem que estão tendo grande sucesso! Afinal, elas são apenas "ervas daninhas" e altamente competitivas para reproduzirem-se em solos agrestes. Portanto, é muito fácil de cultivá-las em uma janela onde bata sol ou em um cubículo para seu próprio uso.

Ervas Diárias Recomendadas

- **Extrato de ginko biloba padronizado.** Não use se você estiver tomando Coumadin, anticoagulante, aspirina ou produtos que afinem o sangue;

- **Concentrado de fruto do pilriteiro padronizado.** Use apenas sob a orientação de seu médico.
- **Cuidado!** *Evite suplementos de ferro ou multivitamínicos com ferro a não ser sob recomendação de seu médico!*

Capítulo 4

Sugestões de Segurança ao Consumidor para a Compra de Ervas

*D*esde o início da história da humanidade, a busca por ervas e espécies exóticas foi motivo de explorações de mares e terras desconhecidos. As antigas rotas das especiarias através da Arábia Saudita, Índia e China dão testemunho de um modo de vida erigido sobre a procura e o transporte de plantas. Mesmo no século 21, muitas ervas e espécies exóticas surgem dos quatro cantos do mundo, enquanto outras se aclimatam e crescem aqui nos Estados Unidos. Por exemplo, a erva oriental ginseng tem três variedades principais: a japonesa, a coreana e a americana. O ginseng americano é considerado superior no mundo inteiro e mesmo os japoneses têm importado avidamente o ginseng americano desde 1950! Vários fatores fazem a mesma erva ser mais desejável em um país ou região do que a de outros. As condições do solo, pluviosidade e práticas agrícolas pesam na otimização ou depreciação do valor e potência da erva.

A antiga medicina herbária chinesa está rapidamente sendo integrada no uso e aplicação ocidentais de ervas. Com uma história que remonta há mais de 5.000 anos, a medicina chinesa está recebendo um novo olhar atualmente. Em alguns aspectos, este sistema medicinal é mais avançado que aqueles da Europa, com os chineses estabelecendo a circulação do sangue cerca de 2.000 anos antes do

Ocidente. No século 7 d.C. os chineses foram capazes de reconhecer a diabete e, no século 10 d.C., eles estavam vacinando com sucesso contra a varíola.

A antiga medicina herbária chinesa incluía o ópio, o ruibarbo e a casca da árvore de canela e também indicava o uso de metais tóxicos como o mercúrio e o arsênio. Os médicos ocidentais usavam o mercúrio para praticamente todas as moléstias. Sua utilização contribuiu para as mortes prematuras do Rei Carlos II em 1685 e de George Washington em 1799.

Hoje, as fórmulas herbárias chinesas ainda podem ser adquiridas, mas como os nomes estão em chinês, os consumidores devem estar atentos a alguns componentes presentes nestas misturas. Por exemplo, lagartixa (gejie), excremento de bicho-da-seda (cansha), e osso de tigre (hugu) são comumente amalgamados com as ervas asiáticas e diz-se que eles adicionam benefícios "terapêuticos" à fórmula. Na verdade, 48 mulheres americanas desenvolveram falência nos rins após usar uma terapia herbária chinesa para perda de peso. A preparação das ervas foi suspeita de conter contaminantes responsáveis pelo dano.

O cultivo e o processamento de ervas nos Estados Unidos, enquanto ainda não é regulado, pode ter várias vantagens sobre as ervas importadas de outros países. Por exemplo, os manufatores americanos aplicam uma padronização que oferece uma certa quantia de controle de qualidade sobre suas ervas. Pela padronização, uma certa porcentagem de ingredientes ativos em uma erva é garantida em cada frasco adquirido. Na Universidade Farmacêutica do Hospital Toyama no Japão, ervas frescas de todo o mundo são coletadas e analisadas. Eles encontraram grandes diferenças nas quantidades de ingredientes ativos presentes nas ervas testadas, dependendo das condições climáticas e do solo onde eram cultivadas. É por isso que extratos padronizados são usados mais freqüentemente em análises clínicas envolvendo ervas e são recomendados acima de outras formas neste livro. A consistência é importante em experimentos científicos e deveria ser para você também se estiver procurando os benefícios terapêuticos divulgados pelas pesquisas laboratoriais.

Outro problema citado pela universidade foi o erro nos rótulos. De acordo com suas descobertas, os preparados herbários nem sempre contêm o que dizem seus rótulos. O Programa Canadense de Monitoramento de Reação às Drogas relata reações adversas devidas a metais pesados tais como arsênio, chumbo, mercúrio e cádmio assim como drogas de prescrição como fenilbutazona (fenilo), aminopirina, prednisona, testosterona e a droga sedativa Diazepam, (Valium) tendo sua presença detectada em suplementos dietéticos importados da Ásia (principalmente da China).

De modo geral, as ervas importadas a granel são as que mais incidem nesta categoria. Muitos pesticidas banidos há muito tempo nos Estados Unidos são vendidos e usados livremente pelos países do terceiro mundo. Desde que ervas importadas a granel não são testadas para detectar a presença ou os níveis de pesticidas, não há como saber se o produto está contaminado.

Como consumidor, você pode proteger sua saúde escolhendo cuidadosamente seus preparados herbários. Aqui vão algumas dicas de compra:

1. Procure por ambos os nomes comum e em latim. Por exemplo, urtiga é o nome comum e *Urtica dioica* é o nome latino revelando o gênero e a espécie.
2. Atente na padronização. Uma certa porcentagem de um ingrediente ativo de uma erva pode ser padronizada uniformemente para assegurar que você tenha a mesma cota em cada aquisição.
3. Busque conselho profissional. Seu farmacêutico local pode ajudar, mas para uma informação mais personalizada o melhor é agendar uma consulta com um profissional de saúde qualificado para discutir suas condições de saúde e medicações específicas antes de tomar ervas.

Certas prescrições de drogas interagem violentamente com muitas ervas, portanto, nós devemos ser cuidadosos, enquanto estivermos em um programa de medicamentos, para avaliar de antemão quaisquer interações potenciais. Se você tem uma condição de saúde como diabete, epilepsia, pressão sangüínea alta, arritmias cardíacas ou gravidez, precisa ficar preocupado sobre o uso indiscriminado de ervas.

Mesmo se você é saudável, há certas ervas que podem ser perigosas para qualquer um de nós. Aqui segue uma lista de algumas das mais notáveis junto com alternativas de ervas seguras:

- **Tenha cautela quando fizer uso de dong quai** (*Angelica sinesis*). Embora recomendada para SPM (Síndrome Pré-Menstrual) e sintomas da menopausa, esse óleo essencial de erva chinês contém safrol, uma substância química reconhecidamente causadora de câncer, banida pela FDA como aditivo alimentar. Ela também causa aborto. Substituto: Agnocasto (*Vitex agnus-castus*). "Minhas pacientes dizem que o agnocasto atenua o inchaço e a dor no seio", diz o ginecologista de Connecticut, Michael O'Reilly, M.D. Como um benefício adicional ele também atenua os sintomas da menopausa como calorões, suores noturnos e ansiedade.
- **Não use ma huang** (*Ephedra sinica*). Também conhecida como ephedra chinesa, é usada principalmente para a perda de peso e como energético. Esta erva debilita as glândulas supra-renais, afeta o sistema nervoso como uma anfetamina e igualmente pode fazer o coração disparar, elevar a pressão sangüínea, causar confusão mental e insônia. Substituto: quitina, derivada de mariscos, para controle do peso. Ela não tem estimulantes do sistema nervoso central, mas adere ao excesso de gordura de seu alimento antes que ela possa ser absorvida.
- **Não use consolda** (*Symphytum officinale*). Embora a consolda não seja absorvida através da pele, há muito tempo tem sido anunciada como um remédio para lesões. Quando grandes quantidades são usadas internamente, problemas como moléstia no fígado têm sido reportados. Substituto: creme de malmequer (freqüentemente vendido como calêndula). Possui propriedades fungicidas e anti-sépticas, tornando-a excelente para todos os tipos de cortes e arranhões.

Há muitas outras ervas que deveriam ser usadas apenas a curto prazo ou sob supervisão estrita como o fruto do pilriteiro, equinácea e selo-de-salomão. Lembre-se de que cada pessoa é única, com diversos graus de gordura corporal, diferenças de idade, sexo e fatores metabólicos, portanto, uma dose terapêutica para seu vizinho pode ser bastante tóxica para você. Uma avaliação personalizada, levando em consideração estas distinções, deve ser feita antes de iniciar qualquer tipo de terapia alternativa.

O arsênio e o mercúrio (encontrados em uma porção de suplementos importados) são altamente venenosos mesmo em pequenas quantidades, pois eles se acumulam no sistema com o passar do tempo com exposições repetidas. O chumbo causa letargia, torna a função mental lenta e causa retardamento, especialmente em crianças. As que são vítimas do envenenamento por chumbo devem sofrer quelação terápica.

Somado ao dilema está o problema da identificação errônea, que ocorre mais freqüentemente com produtos de ervas importadas como citado anteriormente. Um caso deste gênero, ocorrido em maio de 1997, tornou a *Digitalis lanata* em uma amostra de um produto de ervas em estado natural erroneamente rotulado como "tanchagem". A tanchagem é uma erva daninha comum, altamente nutritiva assim como inofensiva. O engano foi atribuído a alguns coletores de erva inexperientes na Europa que confundiram a identidade das duas plantas. Não obstante, ela foi revocada cerca de um ano depois de ter sido vendida sob esta rotulação errada. Porém, por sua causa, uma jovem desenvolveu um sério bloqueio no coração.

Isto não deve impedir o uso de ervas, contudo. Mas como a qualquer coisa, o *"caveat emptor"* ou "cautela comprador" se aplica! Este é o melhor argumento para começar a usar ervas originadas em sua própria casa e cultivadas por você. Este livro contém um capítulo e um gráfico sobre plantação de ervas, horticultura e dicas de armazenamento de ervas. Você terá paz de espírito sabendo que não há adulteradores em suas ervas recém-colhidas que serão usadas por você e sua família.

Capítulo 5

Suplementos Alimentares Dietéticos Adicionais
"Tirando conclusões"

*E*sses suplementos alimentares podem ser adicionados à dieta para personalizar completamente o atendimento de suas necessidades. As mulheres têm preocupações específicas de saúde para as fases de seu ciclo reprodutivo. Os homens têm outros pontos. Alguns nós podemos compartilhar quando envelhecemos, outros serão associados especificamente com nosso gênero. Se você está contrariado, achará este capítulo especialmente útil para traçar *seu* programa nutricional específico. Considere-o sua seção de ajuste pessoal!

O Que São Suplementos Alimentares?
"Suplementos para incluir em sua lista de rejuvenescedores"

Suplementos alimentares encaixam-se em uma classe um tanto exclusiva. Eles não são nem vitaminas, nem minerais, nem ervas.

Ainda assim oferecem valor nutricional à dieta. Por exemplo, no germe de trigo a melhor parte é o pedúnculo. Ele contém vitamina E, complexo B, magnésio, cálcio e fósforo, bem como muitos outros minerais residuais. O germe de trigo em estado bruto é melhor porque o calor não destruiu nenhum de seus nutrientes. Você também pode adquirir cápsulas de óleo de germe de trigo. Em qualquer caso é um suplemento alimentar porque foi derivado de uma fonte alimentícia natural. Produtos desta categoria são mais fáceis de assimilar, digerir e absorver. Afinal, eles são alimentos!

Portanto você deve querer adicionar esta categoria de "auxiliares nutricionais" a seu repertório, já que eles são indispensáveis para estruturar a saúde rápida e naturalmente. Muitos podem ser incorporados em bebidas, refeições, sem muita alteração no sabor. Ainda assim, você vai realmente se beneficiar de seu uso.

Os suplementos alimentares sugeridos aqui são facilmente incorporados em sua rotina diária. Por exemplo, o *frappé de fibra de linho e mirtilo* pode ser feito em dobro e ser servido duas manhãs consecutivas. A maioria de nós tem problema em concordar com uma nova rotina. Isso vai poupar-lhe o tempo de ter que fazer uma nova mistura a cada manhã. Simplesmente agite a porção armazenada antes de servir. Suplementos alimentares liquidificados têm a vantagem de chegar ao trato digestivo e, deste modo, na corrente sangüínea mais rápido. É por isso que o *frappé de mirtilo e fibra de linho* vai dar-lhe energia imediata sem sobrecarregar seu trato digestivo. Você conhece a sensação de quando comeu algo pelo menos um pouco pesado demais. Aquela sensação inebriante e opressiva. Isso se deve a enorme quantidade de sangue, enzimas e energia sendo desviadas para o processo de digestão. Esta é uma extração maior de energia que desloca sangue de outros órgão vitais como o cérebro. A melhor maneira de acordar é com algo leve, digestivo e carregado de nutrientes. Adicione um ovo bem cozido e talvez uma banana madura pequena tomando um potente café da manhã para começar!

Levedo de Cerveja ou Levedura Nutricional

Suplementos alimentares como o levedo de cerveja com aroma de queijo, usado na entrada do almoço no *Way Mac-Macaroni & Cheese* é um meio furtivo de fazer mesmo maridos extremamente seletivos gozarem dos benefícios deste produto poderoso. Carregado com vitamina B e aminoácidos, as proteínas são responsáveis por 52% de sua massa total. O levedo de cerveja, que também é conhecido como levedura nutricional, é cultivado em uma variedade de meio de cultura que vai afetar o sabor do produto resultante. Por exemplo, a maioria dos levedos de cerveja é cultivada em lúpulos, que têm um sabor amargo. Isso é o que confere ao levedo de cerveja seu sabor característico. Variedades mais doces são cultivadas em óleo negro de melado e podem ser mais saborosas. Há um produto de levedo de cerveja líquido suíço chamado Biostrath que eu pessoalmente usei e achei "nada mau". Seu sabor é mais aceitável porque é feito de malte, mel e ervas. O malte em si é muito rico em vitaminas do complexo B e vai sustentar sua energia em altos níveis por horas. A levedura nutricional estimula suas energias física e mental. Você se encontrará fazendo mais em menos tempo e com menos esforço quando estiver usando este suplemento.

Ácidos Graxos Essenciais: As Gorduras da Vida

Os ácidos graxos essenciais compõem as gorduras necessárias que o corpo não consegue produzir sozinho. Por isso o nome "essencial". Eles devem ser consumidos em nossos alimentos para a manutenção da saúde. As necessidades de ácidos graxos essenciais são muitas. Freqüentemente alimentações associadas à velhice são na realidade deficiências de ácidos graxos essenciais. Os ácidos graxos essenciais podem auxiliar na melhora da aparência da pele e do cabelo, prevenir artrites e reduzir o colesterol e pressão do sangue. Ter suficiente quantidade de ácidos graxos essenciais, ou AGE, na dieta, pode até mesmo prevenir a formação de um coágulo sangüíneo. Isso é muito importante, porque quando um coágulo de sangue se forma nas artérias que suprem o cérebro, você acaba tendo um acidente ou parada cerebrovascular. Quando um coágulo se forma em um dos vasos do coração, você pode ter um acidente ou ataque cardíaco. De qualquer modo, o que ocorre é a morte do tecido, porque o sangue oxigenado não pode alcançar aqueles órgãos. Nem todo mundo pode tomar afinadores de sangue. Aqueles com úlceras hemorrágicas seriam uma das classes de pacientes. Este suplemento nutricional oferece muito mais que apenas a prevenção de coágulos, como você verá.

Os AGE são encontrados em grandes concentrações no cérebro. Por que isso ocorre? Bem, estas gorduras essenciais auxiliam na transmissão de impulsos nervosos, transportando-os com rapidez através do sistema nervoso central. Sem eles você pode ter dificuldades de aprendizado e mesmo de recordar informações novas. Você se lembra de que este é um dos sinais do mal de Alzheimer? Quantas pessoas foram erroneamente diagnosticadas como portadoras desta terrível doença, e até mesmo internadas, quando talvez a causa fosse uma deficiência de ácidos graxos essenciais. De qualquer modo a adição de AGE à sua dieta será um dos melhores investimentos que você pode fazer para ajudar a reverter o relógio do envelhecimento. Foram feitos estudos utilizando crianças em idade escolar para verificar se os AGE aumentariam sua habilidade em aprender e tirar notas altas. Os participantes tomavam uma colher de sopa de óleo de linhaça misturada em seu iogurte ou no requeijão, toda manhã. Os resultados? Após duas semanas os professores notaram um grande aumento na habilidade dos estudantes em aprender e reter novas lições.

Isto não deve ser uma surpresa. O próprio leite materno é rico em AGE. Esta "gordura do intelecto" pode fazer com que a pontuação no teste de QI de crianças que mamam no seio seja um pouco mais alta do que sua contraparte alimentada com mamadeira. As fórmulas infantis ainda não conseguiram copiar a singularidade e complexidade do leite materno. Ao invés de serem enriquecidos com ácidos graxos essenciais, os fabricantes destas fórmulas usam óleos de palmeira ou de coco, baratos para seu constituinte gorduroso. Esses óleos são muito inferiores aos AGE encontrados no leite humano e não fazem nada para sustentar o crescimento e funcionamento favoráveis do cérebro. Algumas coisas da natureza o homem simplesmente não pode aperfeiçoar!

As categorias de AGE são divididas em dois grupos. Eles são os AGE Ômega-3 e Ômega-6. Os ácidos graxos essenciais Ômega-3 podem ser encontrados nos previamente mencionados óleo de linhaça, óleos de peixe, nogueira e óleos de canola. Os de Ômega-6 estão presentes em nozes, sementes e feijões crus (não assados). O Ômega-6 também pode ser encontrado na borragem, semente de uva, sésamo, grão de soja e no mais caro de todos, a prímula. Seja qual for o tipo que você escolher, esteja seguro em usar óleos extraídos a frio e NUNCA use-os para cozinhar. Isto porque o aquecimento destrói os ácidos graxos essenciais e até mesmo cria nocivos radicais livres. Não é isso que você desejaria de seus óleos vegetais. O óleo de linhaça é de longe meu ácido graxo essencial preferido. Uma das razões é o preço. A outra razão é que ele simplesmente funciona magnificamente. Estudos usando pessoas que padeciam de artrite mostrou significante redução na dor, no inchaço e na inflamação das juntas artríticas. Ele pode ser adquirido com ou sem as ligninas naturais da planta (parte fibrosa da linhaça). Eu favoreço a rica variedade da lignina, mas você deve escolher de acordo com seu próprio gosto. Exatamente como foi feito no estudo com as crianças na escola, o óleo de linhaça deve ser misturado em uma vitamina, requeijão ou iogurte, que contenha um pouco de gordura. Isso permite que o óleo de linhaça seja emulsionado em minúsculas gotículas de óleo. Emulsificando o óleo de linhaça desta maneira, vai ajudar na absorção através da parede do intestino delgado. Caso contrário, se ingerido diretamente, ele vai agir exatamente como um óleo mineral, resultando em um laxativo "lubrificante" com todos seus incômodos.

Óleo de Prímula Vespertina

O óleo de prímula vespertina é talvez o mais caro de todos os AGE. Diz-se que o melhor é o natural da Inglaterra e, acredite, você vai estar pagando por sua passagem aérea! Ele é usado para combater muitos problemas tidos como parte integrante do envelhecimento. Deste modo demonstrou-se que o óleo de prímula vespertina ajuda a prevenir o enrijecimento das artérias ou arteriosclerose, diminuindo o colesterol, males do coração, esclerose múltipla e hipertensão. Ele também ajuda a aliviar a dor de doenças inflamatórias como a artrite.

Para homens e mulheres, o óleo de prímula vespertina facilita a liberação de hormônios sexuais, como o estrógeno e a testosterona. As mulheres em especial têm descoberto o quão bem este óleo age para abrandar os calorões e o ressecamento da vagina, associados com a menopausa. Isto se dá porque, como previamente mencionado, o óleo de prímula vespertina promove a produção de estrógeno. Não é algo ruim, a menos que você tenha um câncer dependente de estrógeno como o de mama e o do útero. Os receptores de estrógeno nos tecidos desses órgãos vão responder prontamente e vão começar a proliferar ou multiplicar-se. É por isso que a mulheres nesta categoria muitas vezes é prescrita a droga Tamoxifen. Esta droga bloqueia a fixação do estrógeno nas células da mama e do útero, evitando que elas se transformem em células cancerígenas. Se você tem câncer na mama ou no útero não tome o óleo de prímula vespertina. Os óleos de groselha preta e de linhaça são escolhas melhores. Eles também são menos caros.

A Soja Magra
"Os benefícios, os riscos"

A produção de grão de soja nos Estados Unidos está em uma constante alta. A soja é usada na alimentação de animais, cosméticos, tinturas, comidas e bebidas... a lista segue em frente. Mulheres no período pós-menopáusico (depois da menopausa) juram que ela alivia os sintomas da menopausa. Isto ocorre por causa dos efeitos documentados do fitoestrógeno da soja. Os fitoestrógenos são literalmente traduzidos como "estrógenos de planta".

Os fitoestrógenos são deixados de lado porque são derivados de uma fonte vegetal. De maneira alguma! Os fitoestrógenos são muito mais fracos que os estrógenos endógenos (aqueles produzidos em nossos próprios corpos), mas são poderosos o suficiente para ativar o estrógeno de nosso corpo. Isso é preferível à terapia de reposição de estrógeno, especialmente se você sofre alto risco de desenvolver cânceres femininos. Pessoas nesta categoria são mulheres que têm pelo menos uma relação de primeiro grau com alguém que já teve câncer de mama ou uterino, tal como mãe ou irmã. Portanto, o uso de fitoestrógenos em lugar da terapia de reposição de estrógeno deve ser o método preferido, se essas são as suas circunstâncias. (Ver o capítulo *Do que uma Mulher Precisa para Permanecer Jovem.*)

Isso nos leva ao tema da soja. Os grãos de soja (*Glycinemax*) são membros da família das leguminosas e são tóxicos se não forem preparados e processados adequadamente. Eles apareciam nas muitas culturas da Ásia, há mais de 5000 anos onde, desde então, os grãos de soja têm sido usados como uma fonte importante de proteína. Atualmente há mais de 2.500 variedades em cultivo, umas contendo mais proteínas que outras. Eles rendem ainda mais do que apenas um cultivo de alimento. Os grãos de soja são usados em tudo, de tinturas à fabricação de plásticos! Altamente versáteis, os grãos de soja dão-nos óleo de soja, molho de soja, leite de soja, tofu e até mesmo são usados como um substituto do café. Contudo, é uma das melhores fontes de fitoestrógenos em toda a parte. De fato, o consumo de apenas duas porções de tofu por dia (236,5 ml de leite de soja e 113,4 gramas de tofu) demonstrou promover o alívio de calorões, reduzir o colesterol e mesmo aumentar a densidade óssea. A soja é também o único vegetal que contém os ácidos graxos essenciais Ômega-3. Estas gorduras essenciais facilitam a sintetização ou produção de estrógeno. Um benefício adicional da soja é que ela é suspeita de ajudar a diminuir o risco de câncer de mama, mas *apenas se você ainda não tem a doença*. Tenha isso em mente e nós retornaremos a este ponto mais tarde.

Para conseguir o benefício da soja você vai precisar de pelo menos 2-3 porções de soja por dia. Se você não vem de uma cultura que tradicionalmente cozinha com tofu, isso pode ser difícil de engolir (perdoe o trocadilho). Você pode controlar este problema simplesmente usando um pó concentrado de soja, que pode ser misturado no cereal, suco, leite ou vitamina, como você vai ver em breve. Você também precisará considerar o conteúdo de gordura. O leite de soja integral promove o aumento de peso, como muitas de minhas pacientes já descobriram. Não é incomum haver um ganho de 4-5% na gordura corporal, apenas dois ou três meses tomando leite de soja integral. Portanto, se você quer tomar soja e comê-la também, tenha certeza de escolher as versões menos gordurosas, tanto de leite como de tofu.

Agora o lado ruim da soja. Especialmente se você já teve diagnóstico de câncer feminino, **não tome, coma ou use produtos de soja**. Parece que algo na soja dispara a ativação de células preexistentes. Eu tenho de fato visto isso acontecer diversas vezes, em minha própria prática privada. Uma mulher com câncer na mama passará por quimioterapia, medicação, Tamoxifen, e tudo mais. Ela vai finalmente ter uma reversão e então dirá: "Eu ouvi dizer que o tofu ajuda a prevenir câncer na mama então eu vou começar a comer um monte disso!'". Não, não, não. É exatamente como eu disse antes. O uso de produtos de soja pode ser benéfico *antes* de você desenvolver um câncer ativo. Uma mulher que veio me ver para obter um programa de alimentação saudável fez exatamente isso. Ela estava indo bem, mas comendo toneladas de tofu enquanto estava em fase de reversão. Na visita seguinte, os médicos notaram que seu câncer de mama tinha voltado. A única coisa que ela tinha feito de diferente em sua dieta fora a adição de tofu. Uma lição triste após tudo que ela havia passado, já que tinha voltado à estaca zero. Se esta informação ajudar ao menos uma única mulher, eu fiz meu trabalho.

Suplementos Alimentares Diários Recomendados

- Óleo de linhaça;
- Mirtilos;
- Alga kelp, alga dulse ou bladderwrack, fuco ou alga marrom;
- Levedo de cerveja;
- Soja.

Capítulo 6

RECEITAS DELICIOSAS UTILIZANDO SEUS SUPLEMENTOS ALIMENTARES RECOMENDADOS

Certo, aqui é onde muitos de nós caem do cavalo! Nós podemos ter as melhores intenções e estarmos psicologicamente preparados para a transformação. Porém, sem alguma orientação prática de como colher os benefícios do uso dos suplementos alimentares discutidos no Capítulo 4, você pode estar indo a lugar nenhum. Isso porque mudar pode ser bom, mas sempre é difícil. Este capítulo é composto para ajudar a tranqüilizá-lo em sua transição. Muitas vezes apenas lembrar de tomar suas pílulas de vitaminas é um desafio. Os suplementos alimentares podem ajudar a preencher as lacunas já que você não tem que pensar em tomá-los, pois eles são misturados em seus alimentos do dia-a-dia. Quantos de nós esquecem de comer todos os dias?

Nenhum, que eu saiba. Então, usar os suplementos alimentares, como detalhado nessas deliciosas receitas, vai ser muito fácil. Você vai até encontrar maridos hostis que vão jurar "Eu jamais tocarei nesse negócio de alimento saudável!", implorando por outra coisa para comer. A boa nutrição, como a boa comida, não deve ser um sacrifício. Estas receitas foram desenvolvidas com o auxílio de Marie

A. Miczak, autora e gourmet graduada. Ela estudou na Escola de Artes Culinárias de Peter Kump, na cidade de Nova Yorque e escreve em nível internacional como uma colunista especializada. Em primeiro lugar, todas as cozinhas devem ter estes componentes básicos. Uma vez reunidos, você não terá problemas em tocar essas delícias edificadoras do cérebro e do corpo num instante. Tenha o seguinte em mãos:

- *Misturador ou processador de alimentos;*
- *Copos de medição para sólidos e para líquidos;*
- *Colheres de medição;*
- *Batedeira;*
- *Uma tigela refratária;*
- *Almofariz e pilão.*

Estes são os elementos básicos, e você logo verá que não precisa gastar um monte de dinheiro em engenhocas extravagantes de cozinha que provavelmente nem vai usar. Com um pouco de organização você vai achar fácil agregar sua rotina matinal de saúde. Agora eu não vou entediá-la com o discurso "você deveria saber o quão importante é o café da manhã", eu tenho certeza de que você já ouviu isso muitas vezes. A verdade é que há um jeito para que seu corpo fique ativo de manhã sem sobrecarregar seu trato digestivo.

Um tradicional e pesado café da manhã americano com ovos, toicinho, panquecas, batatas fritas é muito para seu estômago manejar logo de cara. Isso por causa da enorme quantidade de enzimas necessárias para desagregar todos esses alimentos pesados. O que acaba acontecendo é que tanto sangue e energia são desviados para o trato digestivo, apenas para começar a quebrar esta super-refeição, que é drenada energia de outros órgãos, como o cérebro, para realizar esta tarefa.

Na obra *Ajustado à Vida* escrito nos anos 80 pelos Diamonds, eles detalham este problema. A solução era comer apenas frutas frescas e cruas até o meio-dia. Eles prometiam perda de peso e aumento de energia com este método. Não era uma má teoria, apesar de na prática muitas pessoas poderem ter momentos difíceis se consentirem com o programa. Uma variação do tema que eu vejo como um compromisso realizável é comer uma pequena fruta fresca logo que você acordar e então tomar o meu frappé de mirtilo & fibra de linho como sua entrada de café da manhã. Se você ainda estiver com fome, a clara de ovos mexidos com um pouco de pimenta vai colocá-lo em pé. Você ainda é capaz de comer mais alimentos concentrados, mas aqui você os está adicionando gradualmente a fim de não oprimir o processo de digestão. A proteína extra ingerida, antes de tudo de manhã cedo, também auxilia a manter os níveis de açúcar do sangue e a energia alta até a hora do almoço. Você perceberá que isso funciona melhor do que uma rosquinha ou uma tigela de cereal açucarado.

Isso porque carboidratos simples (produtos de farinha refinada opostos aos carboidratos complexos) são convertidos imediatamente em glicose. Então é requerida a liberação de insulina pelo pâncreas para permitir que a glicose chegue ao interior das células, onde ela vai ser usada como um combustível. Quando uma quantidade excessiva de insulina for secretada para lidar com a glicose derivada dos carboidratos, você se sentirá cansado e preguiçoso.

Todo esse processo é conhecido como uma resposta da insulina e é visto com maior freqüência em pessoas com hipoglicemia, ou pessoas com açúcar muito baixo no sangue. Um paciente com hipoglicemia vai ter freqüentemente índices muito baixos de açúcar no sangue logo de manhã. Ele também tem muita vontade de doces e alimentos amidoados, já que eles o fazem sentir-se bem, mas apenas por pouco tempo. Uma vez que a porção exacerbada de insulina é secretada em resposta à grande quantidade de açúcares e carboidratos consumida, os níveis de glicose ficam "infiéis" ou declinam abaixo do normal. O resultado é que a pessoa está lutando por energia e tem dificuldade em concentrar-se. Então o que eles normalmente fazem para sentir-se bem novamente? É isso mesmo, eles vão e comem mais doces e amidos, o que dá início a todo o processo de novo!

Se você se encaixa nessa descrição, uma alternativa com pouco açúcar e muita proteína como o frappé de mirtilo e fibra de linho é a resposta para a depressão do seu café da manhã. Há tantas coisas boas a respeito desta bebida poderosa que é difícil saber por onde começar. O primeiro ingrediente é a fruta, com aqueles deliciosos mirtilos. Com pouco açúcar, ricos em minerais, incluindo o iodo, cheio de enzimas. Absolutamente maravilhoso logo de manhã. O óleo de linhaça é o próximo na fórmula porque é rico em ácidos graxos essenciais reguladores do cérebro. Os AGE também são importantes para a produção normal de hormônios femininos, umedecendo assim a pele de dentro para fora, mantendo-a macia e jovem. A base ou porção líquida da bebida dá a você algumas escolhas. Você pode usar leite de arroz, amêndoa ou soja. O leite de arroz tem menor potencial alérgico, portanto é bom para pessoas com alergia e sensibilidade a alimentos. O leite de arroz não tem o mesmo conteúdo de proteínas que os leites de soja e de amêndoa, tenha isso em mente.

O próximo é o leite de amêndoa. Ele é feito preparando um purê de amêndoas e extraindo um "leite" que é rico, nutritivo e repleto de proteínas, como a maioria dos leites de castanhas. As amêndoas contêm naturalmente laetrila, o nome dado à amigdalina química. A laetrila também é encontrada nos caroços de damascos e pêssegos. Por muitos anos, alguns cientistas têm visto a laetrila como um auxiliar na cura do câncer. Ainda que em 1981 o Instituto Nacional de Câncer dos Estados Unidos tenha relatado que a laetrila é ineficaz contra o câncer, pacientes que de fato sobreviveram utilizando esta substância dizem o contrário. Ainda há muito debate e com freqüência você verá organizações que aceitam doações de indústrias farmacêuticas rebaixando uma substância natural que não pode ser patenteada.

O último componente do frappé de mirtilo e fibra de linho é pó de cevada e trigo. Minha preferência pessoal para meus pacientes é o *Phyto Complete,* pois ele é exatamente o que diz! Em verdade você pode alternar e apenas misturar este pó em um suco de cenoura ou tomate para ter uma mudança nutritiva. Ele contém todo um conjunto de concentrados vegetais tal como a clorela, espirulina e relva de cevada dentre outros elementos altamente energéticos. Desde que seu sabor tende a se sobrepor, você pode servi-lo como eu sugeri, em um suco vegetal, em vez de tentar misturá-lo com leite de soja, amêndoa ou arroz. Minha escolha para usar no frappé de mirtilo e fibra de linho é um produto chamado Kyo-Green de Wakunaga. Esta mistura pulverizada contém pó de relva de cevada e de trigo, clorela búlgara, arroz marrom cozido e alga do Pacífico. Todos estes componentes são ricos em nutrientes e vão dar realmente um impulso de energia em seu dia. Associado à sinergia desta superbebida, bem, digamos que você talvez precise apertar o cinto antes de tomá-la! Aqui vai a bebida:

Frappé de Mirtilo e Fibra de Linho

- ½ xícara de mirtilos frescos ou congelados;
- 1 xícara de leite gelado de amêndoa, soja ou arroz;
- 2 colheres (sopa) de leitelho ou iogurte;
- 1 colher (sopa) de óleo de linhaça extraído a frio;
- 1 colher (sopa) de pó de relva de cevada e trigo;
- 1 concha de pó de proteína de soja;
- 3-4 cubos de gelo.

Combine todos estes ingredientes em seu misturador e faça um purê. Como uma variação adicional você pode acrescentar outras frutas, mas escolha os mirtilos ou os morangos, que têm igualmente pouco açúcar, se você é hipoglicêmico. Se você tem níveis normais de açúcar no sangue pode adicionar uma banana madura à mistura. As bananas não apenas são carregadas com potássio, mas também são ricas em enzimas, das quais nós precisamos para quebrar nosso alimento.

O leitelho ou iogurte ajuda a manter uma flora intestinal saudável. Você vai precisar assegurar-se de que o leitelho ou o iogurte contêm culturas "vivas". Muitas vezes o rótulo da embalagem de iogurte indica se o produto conteve culturas vivas antes da pasteurização. Quando o produto sofre o processo de aquecimento, ele extermina as culturas viáveis, não fazendo bem ao seu trato intestinal. Procure por iogurtes vendidos em lojas de alimentos saudáveis ou adquira uma iogurteira e faça-o da maneira correta. Eu costumava fazer iogurte caseiro para meus filhos quando eles eram pequenos. É bem simples e você pode guardar um pouco de cada porção feita que servirá como ponto de partida para a próxima. Você não pode fazer isso se o produto foi aquecido a ponto de matar as culturas.

Para economizar tempo, você pode fazer o dobro da quantidade e guardá-la na geladeira para o dia seguinte. Desta maneira você não estará preparando a bebida a cada dia e toda manhã. Eu apenas sugiro que não tente fazer porções muito grandes. Da mesma forma, uma vez preparada, não armazene a bebida por mais de dois dias na geladeira. Ela não terá um sabor muito agradável após alguns dias e as camadas vão se separar, tornando difícil misturá-la novamente em um líquido homogêneo.

Sempre saindo apressado de casa? Isso não é problema. Pegue uma garrafa térmica e despeje. Você pode tomar sua bebida no trem, ônibus ou sorvê-la em uma xícara à prova de derramamentos em seu carro. Não há razão para não levá-la com você! Nutrição absoluta e total em movimento. Esta é uma maneira fácil de ajustar seu estilo de vida. Qualquer um pode fazer para intensificar sua saúde. Ainda melhor é o fato de que, diferente das pílulas de vitaminas, esta bebida está em uma suspensão. Isso significa que nessa forma liquefeita todos os nutrientes estão instantaneamente disponíveis e totalmente digeríveis. É por este motivo que ela vai lhe conferir uma carga quase instantânea de energia em cerca de 20 minutos. O que é ainda melhor, a energia dura o dia inteiro. Você também não irá sentir fome antes do almoço, mas caso sinta, traga um ovo bem cozido ou algum queijo com pouca gordura com você. Estes alimentos com proteínas extras vão manter seus níveis de açúcar no sangue da mesma forma e sustentá-lo bem mais do que uma rosquinha ou um bolinho. Lembre-se, pães são amidos e transformam-se rapidamente em açúcar no organismo. Se você está tendo problemas em manter a glicose de seu corpo alta, então vai precisar pensar em cortar o consumo tanto de açúcar quanto de amido já que eles são praticamente a mesma coisa.

REFEIÇÕES PLANEJADAS PARA VOCÊ E PARA SUA FAMÍLIA

Um dos grandes problemas que as mulheres encaram hoje em dia é o fato de que nós, em verdade, ainda assumimos a responsabilidade de manter todos na família felizes. Nós tentamos manter a casa limpa, as roupas passadas, as compras feitas, e, muitas vezes, um serviço de tempo integral. Como resultado de nossas limitações de tempo, nós podemos acabar comendo alimentos "descartáveis" mais do que devíamos. Enquanto os alimentos rápidos (*fast food*) podem parecer um salva-vidas em um dia em que você simplesmente não teve tempo de descongelar nada, não há acordo com sua saúde ou seu dinheiro. Cada vez que interrompe a seqüência, você está perdendo uma oportunidade de construir sua saúde e, após pouco tempo, irá começar a colher os resultados. Pouca energia, ganho de peso e maior suscetibilidade a fraquezas. Praticamente tudo com que uma pessoa saudável e bem nutrida não tem que se preocupar.

Para fazer um planejamento de refeições agradável e efetivo, você deve considerar o recrutamento do auxílio de outros que estarão se beneficiando de sua comida. Seriam as pessoas em sua família para as quais você cozinha. Parentes mais velhos podem cortar e descascar se forem capazes ou mesmo cuidar de uma panela ou duas. Mãos mais jovens podem dispor a mesa e limpar a cozinha e as louças após as refeições. Desta maneira não se descarrega toda a prática de cozinhar sobre você porque agora você tem ajuda. Eu sei que é difícil a princípio. Nós mulheres muitas vezes queremos as coisas feitas da maneira certa (a nossa)! Nós temos que aprender a deixar de lado as minúcias sobre como a louça deve ser guardada e como o chão deve ser limpo. Elas não são realmente tão importantes como nós pensamos. Em verdade, se você não deixar os mais jovens e mesmo os mais velhos ajudarem, eles podem começar a pensar que a ajuda deles nas tarefas domésticas não faz diferença. Além do mais, você precisa de ajuda! Eu sinto muito ter que lhe dizer isso, mas a "supermãe" está morta. Ela foi embora com a chegada dos anos 90. As mulheres estão aprendendo que elas precisam primeiro cuidar de si mesmas antes de poderem tomar conta dos outros.

Tendo dito isso, você deve ter em mente também o fator tempo. Eu estou falando de gastar algum tempo... juntos. Que lugar melhor para fazer isso do que na cozinha da família? Este é o lugar perfeito para ficar mais tranqüilo, fazer um apanhado dos eventos do dia e preparar uma refeição. Você pode até mesmo descobrir que cozinhar pode ser terapêutico, não apenas por seu valor nutricional, mas pelo efeito tranqüilizador que advém do ato de focar-se em algo. Veja isso como uma válvula de escape para corpo e mente.

Eu gostaria que as pessoas percebessem, em primeiro lugar, que cozinhar não tem que ser um trabalho penoso. Ter organização e fazer a família ajudar contribuirá grandemente na remoção deste estigma. Em segundo lugar, cozinhar não é trabalho de mulher. Nós precisamos dividir um pouco a responsabilidade pela nutrição de nossas famílias. Precisamos ensinar a nossos filhos, em especial, que eles devem fazer escolhas apropriadas de alimentos em casa e na escola se quiserem sentir-se bem dispostos. De outro modo, nós nos tornamos as "importunas" da nutrição, constantemente empurrando comidas saudáveis com pouca ou nenhuma apreciação daqueles para quem as servimos. Acredite, qualquer um que esteja envolvido no planejamento e preparação de uma refeição fica muito mais excitado a respeito dos alimentos servidos e da melhora da qualidade dos cardápios.

Outra reclamação comum quando nós nos esforçamos para melhorar o valor nutricional da alimentação é com relação ao sabor. Pouca gordura é freqüentemente equiparada a pouco sabor; as pessoas só conseguem pensar em germe de trigo e levedo de cerveja. Um modo de contornar isso é adicionar suplementos alimentares a pratos que nossas famílias já gostem. Perceba você que será preciso usar pequenas quantidades a fim de não sobrepujar descuidadamente o sabor amigável. Todavia, você será capaz de fazer muito para melhorar o valor nutricional dos alimentos que já costuma servir, o que pode ser bem mais fácil do que mudar todo o cardápio. As receitas seguintes são exemplos desses tipos de transição. Apenas adicionando uma pequena quantia destes suplementos nutricionais densamente ricos, você vai estar aumentando o valor alimentício de suas refeições dramaticamente. O primeiro exemplo é uma deliciosa distorção do grande favorito dos americanos, macarrão e queijo:

Macarrão e Queijo à Moda do Mac

- *4 xícaras de fios de macarrão;*
- *1 xícara de queijo cheddar picante grelhado;*
- *1 xícara de queijo* munster *grelhado;*
- *½ xícara de leite;*
- *1 colher (sopa) de farinha;*
- *1/8 de xícara de manteiga;*
- *1/8 de xícara de levedura nutricional natural;*
- *¼ colher (chá) de páprica doce (opcional);*
- *1/8 de colher (chá) de páprica picante (opcional).*

Cozinhe seu macarrão até amaciar, escorra e deixe de reserva. Derreta a manteiga e comece adicionando a farinha e o leite alternadamente com movimentos rápidos para evitar grumos. Adicione seus queijos gratinados gradualmente, mexendo constantemente para fazer seu molho de queijo. (Bem no final, adicione 1/8 de xícara de levedura nutricional natural ao molho de queijo.) Despeje o seu molho de queijo sobre o macarrão, reserve por cerca de 10 minutos e sirva quente.

Podem ser feitas variações na receita utilizando um queijo temperado que é um pouco mais condimentado, mas então certifique-se de não usar a páprica picante. Você não vai precisar dela. Você pode elevar os níveis de beta-caroteno e cálcio deste prato simplesmente adicionando brócolis, que é rico em ambos nutrientes.

Outro suplemento alimentar que é muito bom para você é o germe de trigo. O germe de trigo contém vitaminas E e B junto com uma lista balanceada de minerais, tanto os macro como os residuais. O germe de trigo é, na verdade, o embrião da baga do trigo e é similar ao ovo da galinha, sendo o embrião da galinha. Denso em nutrientes, é melhor cru e não manipulado. Isto porque o calor diminui seu valor nutricional. Por esta razão, o germe de trigo torrado é a segunda melhor escolha. Devido à torração, ele vai durar mais, porém não será tão bom para você.

Tanto o germe de trigo cru como o torrado podem ser adicionados a muitos alimentos sem alterar o sabor. De fato sua família pode vir a apreciar o sabor rico e amendoado que o germe de trigo traz a muitos pratos simples. Por exemplo, quando fizer almôndegas ou bolo de carne, seria desejável substituir metade da farinha de rosca que a receita pede pelo germe de trigo cru. Aqui há um ótimo exemplo adaptado do mais delicioso bolo de carne que você jamais provou, cortesia de minha adorável cunhada húngara, Verônica:

Bolo de Carne à Moda Húngara com Germe de Trigo

- *½ kg de carne de boi magra 95% moída;*
- *1 lata de purê de tomate;*
- *1 colher (sopa) de xarope de malte;*
- *¼ de xícara de queijo parmesão grelhado;*

- *1/8 de xícara de levedura nutricional natural;*
- *1 cebola pequena, bem picada;*
- *½ xícara de farinha de rosca;*
- *½ xícara de germe de trigo cru;*
- *1 ovo pequeno;*
- *½ xícara de molho de tomate;*
- *½ colher (sopa) de sal;*
- *½ colher (sopa) de pimenta;*
- *1 colher (sopa) de alho (amassado);*
- *½ colher (sopa) de páprica doce húngara.*

Misture todos os ingredientes. Normalmente uso uma tigela grande e um espremedor de batatas para misturar essa massa imensa! Entretanto, não tenha pressa nessa parte. O segredo do sucesso do bolo de carne é que todos os ingredientes sejam completamente amalgamados para que os aromas permeiem completamente a carne. Há dois métodos de preparação no que diz respeito ao seu cozimento. Eles são:

1. Despeje o bolo de carne completamente misturado em uma tigela de barro que tenha sido untada com azeite de oliva.
   Ajuste o botão do forno para a potência alta ou cozinhe o dia todo na potência baixa, a escolha é sua. Adicione um pouco de molho de tomate à parte de cima do bolo de carne antes de tampar a tigela. Meia hora antes de servir, você pode adicionar um pouco mais de queijo parmesão e mussarela sobre o bolo. Absolutamente divino!

2. Ponha a massa do bolo de carne em uma forma de fazer pão untada com óleo (você pode precisar usar duas para esta receita). Cubra o topo do bolo de carne com uma fina camada de molho de tomate e asse a 350 graus. Mais uma vez, meia hora antes de finalizar o cozimento, adicione um pouco de queijo parmesão e mussarela sobre o bolo. Incrivelmente delicioso!

Almôndegas Húngaras, uma Variação da Receita: Você pode fazer Almôndegas à Moda Húngara dessa mesma mistura. Simplesmente doure bem as pequenas almôndegas em cerca de uma ou duas colheres de sopa de azeite de oliva. Depois as despeje em uma panela de seu molho de tomate favorito e deixe-as cozinhar o dia inteiro. Elas proporcionam muito deleite às pessoas e são deliciosas o suficiente para servir a convidados.

Aí está. Sua família vai implorar por mais e você vai poder rir-se de como eles amam "comida saudável"! Agora, os paladares de algumas pessoas são muito exigentes, então se sua família pode sentir o gosto de alguns dos suplementos nutricionais que você tenha adicionado a um prato, tais como a levedura nutricional ou o germe de trigo, simplesmente retire um pouco. Você não quer oprimi-los com a mudança, apenas introduzi-la gradualmente. Você pode sempre aumentar a quantidade à medida que a família ficar acostumada com os novos aromas.

Os ácidos graxos essenciais são alimentos completos para o cérebro. O problema é que não encontramos muitas refeições deliciosas ricas nesses nutrientes. Talvez uma salada de salmão em vez da habitual salada de atum (tediosa)! O salmão tem muito mais ácidos graxos essenciais do que o atum, que tem alguns AGE, mas precisa ser controlado, pois pode conter altos níveis de mercúrio. Você pode também adicionar cavala, arenque e sardinhas à lista de peixes de águas profundas, ricos em ácidos graxos essenciais Ômega-3.

Estes peixes têm um conteúdo de gordura mais alto do que, digamos, o linguado. Por exemplo, meras 150 g de salmão contêm mais de 3.400 mg de ácidos graxos essenciais, especificamente Ômega-3. As mesmas 150 g de um peixe com menos gordura natural, como o linguado, têm apenas cerca de 300 mg. Agora, qual deles você deveria escolher?

Tente incluir mais desses alimentos em sua dieta e você vai colher mais benefícios do que o esperado. Lembra-se de como sua mãe dizia que peixe é um alimento para o cérebro? O tipo apropriado de peixe como foi escrito é sobre o que ela realmente estava falando. Se você não acredita no que a mamãe diz, apenas tenha em mente que uma deficiência em ácidos graxos essenciais pode contribuir para gerar uma inabilidade em aprender novas informações e lembrar o que você já aprendeu. Aqui segue uma ótima receita que talvez a mamãe nunca tenha imaginado!

Salada de Salmão Suntuosa

- *1 lata de salmão rosa ou vermelho;*
- *1 cebola pequena bem picada;*
- *10 azeitonas pretas e verdes bem picadas;*
- *1 colher (sopa) de condimento fresco;*
- *2 colheres (sopa) de aipo bem picado;*
- *3-4 colheres (sopa) de maionese de óleo de soja;*
- *Guarnição de alface e tomate (opcional).*

    Esta é uma deliciosa alteração da típica salada de atum. Rica em ácidos graxos essenciais Ômega-3 você precisa de uma porção de apenas 150 g para conseguir uma quantidade gritante de 3.400 mg deste nutriente. Se você quiser, pode combinar meia porção de tuna na receita. Assim você vai ter um pouco de um aroma familiar, mas ainda estará melhorando sua dieta com uma comida tão rica em ácidos graxos essenciais. A Salada Suntuosa de Salmão é boa para seu coração e para seu cérebro.

    Outra variação neste mesmo tema são os magníficos bolinhos de salmão de minha mãe! Agora, antes que você pense em fugir da cozinha, bolinhos de salmão são muito parecidos com bolinhos de siri. Meus ancestrais nativos americanos desfrutavam de muitos delicados frutos do mar e inventaram métodos de cozimento como a mariscada feita sobre pedras quentes e receitas para bolinhos de peixe de todos os tipos. O salmão era abundante entre os terrenos de caça de minha tribo, então eu posso lembrar-me dele sendo servido por minha mãe e por minha avó como parte da cozinha tradicional de nossa etnia. Eles deviam ter uma atração comum já que meu pai, de descendência predominantemente inglesa e irlandesa, também os apreciava! Aqui está a receita de minha mãe:

Bolinhos de Salmão Nativos da Mamãe

- *1 lata de salmão rosa ou vermelho (disponível com pouco sódio);*
- *1 ovo;*
- *1 cebola pequena bem picada;*
- *¼ de colher (sopa) de tempero de louro desidratado para frutos do mar;*
- *1/8 de xícara de farinha de rosca;*
- *1/8 de germe de trigo;*
- *½ xícara de batatas escuras amassadas congeladas;*
- *250 g de camarão picado;*
- *1 lata de carne de siri (opcional);*
- *2-3 colheres (sopa) de óleo de milho ou de canola.*

Misture todos os ingredientes completamente. Aqueça sua frigideira à temperatura média-alta e adicione 2-3 colheres de sopa de óleo de milho (receita nativa original) ou óleo de canola. Faça hambúrgueres empanados de tamanhos iguais com a massa e frite até dourar. Assegure-se de que os pedaços de camarão sejam fritos até ficarem opacos e não translúcidos. Absolutamente fantástico!

Eu espero que você perceba que, com a inclusão dessas deliciosas receitas, tomar uma porção de pílulas todos os dias não é realmente necessário ou tão vantajoso para sua saúde. Alimentos vão sempre ser melhores do que suplementos que, como eu já indiquei previamente, muitas vezes não são absorvidos. Mesmo se os comprimidos conseguirem ser quebrados, eles podem não ser apropriadamente utilizados se não houver uma molécula de proteína sobre a qual possam se "acoplar". É por isso que é mais recomendável você tomar suas vitaminas com as refeições. O Capítulo 2 explana sobre como conseguir o máximo proveito do que você gasta com suplementos nutricionais. Quando envelhecemos, freqüentemente não produzimos o ácido clorídrico necessário para quebrar os alimentos. Esse é o caso daqueles que têm inabilidade em absorver cálcio, especialmente porque o cálcio, como a maioria dos outros minerais, requer um pH ligeiramente ácido a fim de tornar-se parte da matriz ou estrutura dos ossos.

Capítulo 7

Exercício para Parecer e Sentir-se Jovem

Talvez a melhor coisa que você possa fazer por si mesmo é exercitar-se. Contudo, assim como tomar vitaminas, nós sabemos que isso nos faz bem, mas a adaptação é sempre um problema. Soldados de fim de semana, que são em sua maioria sedentários durante a maior parte da semana, vão muitas vezes aderir a exercícios pesados e ao ar livre em seus dias de folga. Esta é uma má idéia, pois colocar seu corpo repentinamente em uma atividade que ele não está acostumado pode causar lesões em tecidos delicados ou até sobrecarregar o coração.

Assim como eu lhe dei um exemplo de como incorporar suplementos alimentares em seu cardápio diário, aqui eu mostrarei como incorporar exercícios em seu estilo de vida, não importa qual seja seu nível de treinamento. Eu garanto que você vai economizar combustível, ter mais energia, poupar sua juntas e muito mais, se você simplesmente investir algum tempo e um pouco de dinheiro nas atividades seguintes.

Exercício para Todos!
"Exercício aeróbico aliviador para pessoas com artrite ou querendo preservar suas juntas"

Se você sofre de artrite dolorosa, talvez a última coisa sobre a qual você queira pensar seja exercício. Simplesmente ir de um lugar a outro pode ser extremamente difícil, especialmente de manhã quando a rigidez é um problema para muitos. A verdade é que manter o tônus, especialmente dos músculos esqueléticos, ligamentos e tendões que sustentam as juntas é muito importante. A circulação e a promoção de movimentos apropriados realmente auxiliam a manter as juntas lubrificadas e saudáveis. O termo artrite significa inflamação da junta, que é uma acurada descrição do problema. À medida que o colágeno e a cartilagem que cobrem as extremidades de nossos ossos se desgastam, estes não mais deslizam uns sobre os outros e sim atritam-se causando dor e inflamação. O resultado pode significar dano aos tecidos e nervos adjacentes àquela junta.

Analgésicos como o Ibuprofen, que são comumente prescritos, têm suas próprias desvantagens. Primeiramente, eles causam sangramento gastrintestinal súbito. Em segundo lugar, eles têm sido suspeitos de inibir a produção de cartilagem e colágeno, tornando o problema de erosão ainda pior. Eles podem oferecer alívio sintomático, mas com um preço alto. Agora os farmacólogos estão dizendo que as novas marcas de produtos prescritos para artrite não são melhores que os auxiliares antigos, mesmo sendo mais caros.

Certos exercícios, contudo, são fortes até mesmo para juntas saudáveis e devem ser evitados. Eles incluem aeróbica de alto impacto, corrida e jogging, particularmente em pavimentos e superfícies duros. A quantidade de pressão posta sobre os joelhos, por exemplo, é aumentada sete vezes à pancada de cada passo. Isso age desgastando a cartilagem de apoio que protege as extremidades das juntas. Este processo ocorre naturalmente quando envelhecemos, mas é acelerado por tais atividades e pelo excesso de peso.

Alguns podem sentir que estão em uma situação complicada. A fim de manter a mobilidade da junta e o peso ideal, sabem que devem exercitar-se, mas como? Podem não querer exacerbar sua condição, e sejamos realistas, é realmente doloroso fazer o esforço!

Há alguns caminhos a seguir ao redor deste problema que vão permitir que você consiga o condicionamento cardiovascular e a circulação do exercício aeróbico, mas ao mesmo tempo poupe suas pobres juntas.

Uma forma de exercício altamente recomendável é o ciclismo. É o uso mais eficiente de energia de movimentação conhecido pelo homem; não há praticamente tensão nas juntas dos quadris, joelhos e tornozelos, áreas alvo de desgaste e deterioração. O ciclismo em recintos fechados ou "*spinning*" tornou-se uma atração entusiasmada em muitas academias de ginástica ao longo do país e oferece uma alternativa ao ciclismo em climas rigorosos. Todas as bicicletas para terrenos acidentados agora também são muito populares porque oferecem pneus grandes, um assento confortável e até amortecedores similares ao que você encontraria em um carro. Todas estas características abrandam seu passeio e evitam que seus ossos sejam abalados.

Outro exercício maravilhoso é o esporte de ricochetear, ou usar um minitrampolim. Não deve ser confundido com os "brinquedos" das lojas de departamentos que inundaram o mercado durante os anos 80; o ricocheteador do tipo profissional tem uma classificação própria. Eu soube sobre ele em primeira mão quando adquiri um modelo e passei a usá-lo num instante. Primeiro algumas das molas escaparam, depois o couro ao redor da armação e assim por diante. Quando visto pela última vez, ele foi posto à venda no jardim porque tornou-se impossível conseguir as peças de reposição.

A linha profissional de ricocheteador é compendiada pela indústria padrão, o *Needak Soft Bounce*. Exatamente como sugere o nome, este ricocheteador é especialmente delicado com suas juntas. Você pode correr, sacudir ou apenas saltar sem receio de estar pro-

Um cliente satisfeito com uma bicicleta para praia com motor elétrico (contido num compartimento traseiro do veículo) e um elegante e indispensável capacete.

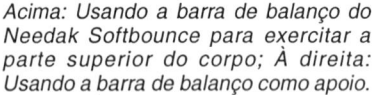

Acima: Usando a barra de balanço do Needak Softbounce para exercitar a parte superior do corpo; À direita: Usando a barra de balanço como apoio.

vocando futuros danos às suas juntas. De fato, as mudanças sutis na gravidade experienciadas no topo e na base de cada salto exercita todo o sistema circulatório e linfático. O resultado é um corpo e uma mente energizados sem ranger os joelhos.

A Needak, que também tem um site educacional sobre o esporte do ricocheteamento, oferece uma garantia hermética de seus produtos, que são manufaturados na América. Uma de suas unidades principais é seu minitrampolim dobrável assemelhando-se a um taco e vem com sua própria mochila para transporte.

Muitos fatores ajudam na saúde da junta, quer você tenha ou não artrite. A nutrição apropriada, talvez evitando os vegetais da família das ervas-mouras, pimentões, tomates, batatas-inglesas e berinjela, todos que contêm o alcalóide vegetal solanina. A solanina é suspeita de interferir nas enzimas musculares conseqüentemente aumentando a dor e o desconforto. Ao invés disso, inclua mais alimentos que contenham enxofre como ovos, aspargos, cebolas e alho. O enxofre é a chave para o reparo e manutenção do osso, cartilagem e tecido conectivo, assim como para aumentar a habilidade do corpo em absorver cálcio nos ossos.

Como uma última nota nutricional, tente comer abacaxi fresco regularmente. O abacaxi fresco (não em conserva ou congelado) contém bromelaína, uma enzima natural que auxilia na redução de inflamações de todos os tipos, incluindo artrite. Herbaticamente, os nativos americanos usavam tradicionalmente a casca do salgueiro para a rigidez, como citado no Capítulo 2 de "Depurações da Natureza, Medicina Nativa... Segredos Herbários dos Nativos Americanos". De modo similar à bromelaína encontrada no abacaxi fresco, a casca do salgueiro tem a capacidade de deter inflamações. De fato, o ácido acetilsalicílico, o nome químico da aspirina, foi originalmente derivado da casca do salgueiro e manufaturado como esta droga extremamente popular já no ano de 1899. Diferente da aspirina, contudo, a casca do salgueiro não causa sangramento gastrintestinal.

Para mais informações sobre onde comprar livros, fitas de áudio e vídeo sobre caminhada, ricocheteamento e ciclismo contate a *Collage Exercise Video Specialists* pelo 800-708-9222 e peça um catálogo gratuito. Eles oferecem uma enorme variedade de vídeos de exercícios para todo nível de resistência bem como modelos para atender às necessidades específicas daqueles que sofrem de artrite.

Perceba, todo mundo deve começar já a preservar a integridade de suas juntas. Provavelmente com a expectativa de vida aumentada, você vai desgastar suas juntas antes que o resto de seu organismo! Os anos 80 trouxeram os exercícios aeróbicos de alto impacto e a mania do *jogging*. Os anos 90 seguem na era do levantamento de peso nos clubes e academias ao redor do país. Se você nasceu nos anos 50, bem, você se adaptou ao novos moldes e provavelmente viveu para experienciar tudo isso. Veja como as coisas mudaram, incluindo a expectativa de vida, desde 1957!

Em 1957...

A renda salarial anual era de .... $ 4.594,00
Um carro novo custava .... $ 2.157,00
Uma casa nova custava .... $ 12.225,00
Um pão custava .... 19 centavos
Um galão de gasolina custava apenas .... 24 centavos
Uma garrafa de leite integral custava .... $ 1,00
O salário mínimo era de .... $ 1,00 por hora

A expectativa de vida era de 69,6 anos como média para ambos os sexos. Os homens americanos agoram vivem cerca de 71,5 anos e as mulheres americanas cerca de 78,2 anos. Nós estamos vivendo mais, porém a questão é: qual a qualidade desses anos? A tecnologia médica pode manter uma pessoa que não tenha mais capacidade de sentir, respirar ou cuidar de si mesma, mas será esta uma existência desejada para a maioria de nós? Todos nós temos nossas próprias opiniões a respeito deste assunto, ainda assim há um ponto em comum no fato de muitas pessoas optarem por serem cuidadas em casa ao invés de ficarem em instituições de saúde. Eu me refiro às "clínicas de repouso". As pessoas em fases específicas de suas vidas esperam ansiosas para conseguir entrar nas instituições públicas como a escola, a faculdade ou até mesmo no treinamento militar. Contudo, quantas pessoas dizem que estão querendo mudar-se para uma clínica de repouso? Não muitas. Isto porque esta mudança assinala o fim da independência e e do autodirecionamento. É algo difícil de engolir, especialmente para alguém que cresceu acostumado a tomar suas próprias decisões na vida. A perda deste privilégio, junto com a perda de escolha, muitas vezes é a responsável pela alta taxa de depressão na terceira idade, associada a idosos que vivem em instituições.

Então o planejamento deve começar já. Você quer permanecer independente, talvez vivendo com assistência em sua própria casa, ou quer terminar seus dias em uma clínica de repouso? A manutenção e o planejamento de sua saúde pessoal que você faz agora vai muitas vezes decidir o porvir. Lembre-se também de que as vidas de seus filhos são muito afetadas, pois é um deles que na maioria das vezes tem que realizar a tarefa ingrata de "descartá-lo". Nenhum filho quer fazer isso. É no mínimo de cortar o coração.

Foi muito doloroso para mim quando meu pai não podia mais ser mantido em casa, após uma série de derrames que o deixaram severamente incapacitado e paralisado. Ele precisava de cuidado em tempo integral, e uma enfermeira de visitação não podia fornecer. Eu me lembro do último dia em que falei com ele, quando ele ainda estava consciente. Ele disse "Tome conta de mim agora, pois o papai não pode cuidar de si mesmo." Meus olhos se encheram de lágrimas quando eu escrevi isto. Quem imaginava que aqueles anos como fumante, excedendo seu peso normal, estressado, excedendo e lutando na Segunda Guerra cobrariam sua taxa? Meu pai tinha apenas 62 anos quando teve o primeiro derrame. Enquanto ele estava no hospital sendo cuidado por seu primeiro derrame, ele começou a ter ataques apoplécticos. Era terrível ver aquilo. Quando eu retornei no dia seguinte, após tê-lo visitado na noite anterior, ele olhou como se eu simplesmente não estivesse ali. Ele não falava nem respondia quando eu o chamava. Eu estava muito despreparada para tamanha mudança, ou melhor, perda de personalidade.

Novamente, o cuidado que tomamos com nós mesmos é muito importante. Em tal caso, como eu disse, seus filhos na verdade vão a dois funerais. Um é quando você não é mais a mesma pessoa devido a um derrame ou coma, o segundo é quando chega a morte, talvez prematuramente, porque você caiu na falácia de que era invencível. Não se torne uma estatística triste para si mesmo e para seus filhos. A hora é agora, "carpe diem", ou "aproveite o dia de hoje". Isso pode significar muito, anos mais tarde. Os próximos capítulos vão explanar aquilo que é necessário para permanecer jovem e saudável de acordo com seu sexo. Esta informação vai habilitá-lo a delinear seu programa pessoal até mesmo para um grau mais alto. Então, como dizem... as damas primeiro!

Capítulo 8

Do Que uma Mulher Precisa para Permanecer Jovem

Se você está pensando "Um homem mais jovem", não é bemisso que eu tinha em mente aqui! Quanto à existência de alguma correlação entre a longevidade de pessoas que são casadas ao contrário de adultos solteiros, o fato é certo. Não importa qual seja seu estado matrimonial, você pode ter uma melhora na sua perspectiva de vida e na sua saúde com umas poucas mudanças na rotina.

Talvez o maior dilema com relação à medicação para as mulheres, hoje, seja fazer ou não fazer a terapia de reposição de estrógeno quando a menopausa se aproxima. Há muita controvérsia sobre este tópico. Ao longo dos anos nós podemos ver a correlação entre mulheres que tomaram a pílula e um aumento nos cânceres femininos, especificamente o da mama. Compreensivelmente isso faz muitas mulheres pensarem bem antes de aceitar a recomendação de TRH, ou terapia de reposição hormonal, por parte de seus médicos, sem a

Mulheres que usaram pílulas anticoncepcionais há alguns anos têm maior risco de desenvolver câncer de útero e de mama, se optarem mais tarde pela reposição hormonal.

discussão adequada. Por exemplo, uma mulher com uma pessoa relacionada em primeiro grau (mãe ou irmã), que teve diagnóstico positivo de câncer de mama, deve realmente considerar outras opções que não a TRH. Essa ligação familiar com o câncer de mama já aumenta o risco como a idade. Os dois fatores combinados deveriam ser pesados com grande consideração.

Isto nos traz o tema das alternativas. Qual é então um bom programa de reposição de estrógeno natural, se isso for possível? Primeiro discutamos com o que você está comparando as alternativas "naturais". Talvez a forma mais biodisponível de estrógeno exógeno seja o Premarin. Também conhecido como estrógenos conjugados, esta forma natural é isolada da urina de éguas prenhes, por isso o nome Pre-Mar-in (do inglês *pregnant mare*/égua prenhe). Este tipo de estrógeno, diferente dos não-conjugados, é mais facilmente absorvido pelo trato gastrintestinal. Portanto, devido à estrutura química, eles operam de modo similar aos estrógenos endógenos, (produzidos pelo corpo). Quais são os benefícios? Os estrógenos conjugados naturais mostraram reduzir fraturas no quadril em 25%. Isso se deve à prevenção de tais fraturas mantendo a massa óssea, não revertendo a osteoporose.

O Premarin também reduz as lipoproteínas de baixa densidade, ou LBD, conhecida também como o mau colesterol, responsável por depositar a plaqueta arterial que lentamente fecha ou estreita as artérias. Por ação similar, os mesmos estrógenos conjugados aumentam as suas lipoproteínas de alta densidade, também conhecidas como LAD, ou o colesterol bom, que ajuda a remover o colesterol acumulado das artérias. Finalmente, uma das principais razões pelas quais as mulheres optarão por esta forma de estrógeno é que o Premarin aumenta as secreções cervicais e vaginais, mantendo os tecidos úmidos e espessos. O problema de ressecamento vaginal afeta mais do que apenas a intimidade. A atrofia e o ressecamento vaginal podem atrair o aumento da incidência de infecções naquela área. As secreções das mucosas formam uma barreira entre a parede da vagina e a bactéria que pode ser introduzida no canal. Há muito ainda para ser discutido, mas como qualquer medicação, você deve considerar também o lado negativo.

Os estrógenos conjugados têm efeitos colaterais tanto a longo quanto a curto prazo. Para ilustrar, eu penso ser melhor considerar em primeiro lugar o efeito a longo prazo. O uso de estrógenos aumenta o risco de você desenvolver câncer de mama, útero e ovário, tumores no fígado, hipertensão e coágulos no sangue. Estes não são aborrecimentos passageiros. Todos eles são potenciais ameaças à vida, problemas de saúde a longo prazo, sobre os quais você deveria refletir bastante antes de empreender esta forma de terapia. Os efeitos colaterais mais brandos do estrógeno são a acne, sangramento intermitente, retenção de fluido, enxaqueca, dor no seio, náusea e vômito. Você percebe a diferença nos dois grupos de efeitos colaterais? Todavia, eles são todos colocados juntos como reações adversas em muitas bulas farmacêuticas, como se todos eles fossem apenas incômodos temporários! Não seja enganada.

Você também precisará notar o potencial de interações medicamentosas enquanto estiver usando estrógenos conjugados. Por exemplo, você terá que evitar tomar a droga imunossupressiva, ciclosporina. Ciclosporina é o nome genérico para Neoral, Sandimmune e Sang-35. Esta medicação é usada para tratar patologias auto-imunes, que é o caso de quando o corpo se volta contra si, e o sistema imunológico destrói tecidos e células cruciais para o organismo. Exemplos de tratar patologias auto-imunes incluem a diabete do tipo I (aka juvenile diabetes), a artrite reumatóide e a psoríase. O ciclosporina também é indicado para prevenir a rejeição do enxerto, que ocorre quando alguém recebe um órgão transplantado.

Se você estiver usando estrógenos conjugados e tomar ciclosporina, a interação pode ser muito séria. Isso porque os estrógenos inibem o metabolismo da ciclosporina, causando o acúmulo de altos níveis do medicamento nos tecidos. Isto pode levar à nefrotoxicidade (avaria dos rins) e/ou a hepatotoxicidade (envenenamento do fígado). Igualmente se beber ou fumar enquanto estiver usando estrógenos, você aumenta incrivelmente a probabilidade de desenvolver cânceres sérios.

Então aonde isso o leva? Que espécie de alternativas efetivas você tem que auxiliarão no aumento da massa óssea, prevenindo ataques cardíacos e mantendo sua pele macia, flexível e úmida mesmo nas partes íntimas? Bem, isso pode ser mais fácil do que você imagina. Deus nos abasteceu com uma abundância de alimentos naturais que contêm estrógenos vegetais clinicamente conhecidos como fitoestrógenos. Eles são hormônios vegetais mais fracos análogos aos nossos, mas agem no corpo ajudando a facilitar naturalmente a produção de estrógeno.

Só porque você está na menopausa não significa que o estrógeno não está mais presente ou não é mais produzido no seu corpo. Sim, seu HEF, ou hormônio estimulante folicular, vai começar a elevar-se à medida que a produção de estrógeno diminuir, mas não está tudo perdido. Seu corpo simplesmente alterna para o modo de "manutenção" durante a menopausa. Você começa a produzir uma forma mais fraca de estrógeno chamada estrona. Da mesma forma, outros órgãos que são parte do seu sistema endócrino começam a produzir estrona para você já que os ovários contribuem pouco com isso. É esta mudança ou alternância do poderoso estradiol que costumava ser produzido pelos ovários que causa os sintomas de calorões, ressecamento vaginal, insônia e suores noturnos. Uma vez que o corpo se ajuste, estes sintomas vão dissipar-se. Todavia você não tem que esperar que isso aconteça. Há coisas que você pode e deve fazer, mesmo se você for perimenopausal, fase que pode compreender um espaço de tempo de até dez anos antes de você deixar de ter ciclos menstruais.

Incluindo todos os dias em sua dieta alguns dos alimentos a seguir, você dará a seu corpo as peças que ele requer para agrupar os hormônios femininos necessários para mantê-la jovem e forte:

- **inhames** (estes são de uma espécie diferente das batatas-doces e as pessoas freqüentemente os confundem.)
- **grãos de soja** (2-3 porções por dia, por exemplo, 200 g de leite de soja faz uma porção, 100 g de tofu outra porção.)
- **chá de folhas de trevo-dos-prados** (28 g de erva desidratada para 1/2 litro de água fervente. Deixe em imersão por 3-5 minutos e beba até dois copos por dia.)
- **óleo de linhaça** (até uma colher de sopa por dia. Não cozinhe com óleo de linhaça, pois o aquecimento arruína os benefícios. Misture com leite de soja ou leite de amêndoa, iogurte ou requeijão feitos com um pouco de gordura para uma melhor absorção.)

Todos esses quatro alimentos são ricos em fitoestrógenos e são muito eficazes para recuperar a força quando sua produção própria de estrógeno começa a minguar.

Inhames

Os inhames diferem grandemente das batatas-doces. Os inhames são das famílias subtropicais e tropicais. É um dioscoreáceo e cada um pode pesar até 30 libras! A batata-doce (*Impomoea batatas*) é na verdade um membro da família ipoméia e é muito menor. Também, as batatas-doces são nativas dos trópicos das Américas. Olhe atentamente nas embalagens de produtos frescos do supermercado. Algumas vezes até eles se enganam. Os inhames são normalmente mais finos, arredondados e de cor mais clara do que as batatas-doces.

Os inhames são ótimos como uma alternativa às batatas-inglesas. Alimenticiamente eles têm sido usados por séculos como um alimento principal básico em muitas partes tropicais do mundo. Eu posso me lembrar de quando trabalhava no Laboratório de Ciência Alimentícia da Faculdade de Arte Culinária quando estava no curso de Farmácia. Um dos estudantes graduados era da Nigéria. Ele mostrou-me as fotos do casamento de um amigo de seu país e apontou para os "presentes" trazidos pelos convidados. Na caçamba de uma caminhonete, estavam dez palmos de inhames, mas diferentes de qualquer um que eu já havia visto antes, pois cada um deles era do tamanho de uma criança! Eu não tinha idéia de que eles cresciam tanto. Africanos os trouxeram para a América quando vieram como escravos, há séculos. Algumas de suas receitas incluem a preparação de inhames e couves, e tortas de batata-doce ou inhame que têm um sabor um pouco parecido com de abóbora (a minha favorita)!

Grãos de Soja

Os produtos da soja chegam em muitas variedades. Tofu, tempeh, missô, edamame, natto, okara e proteína de soja composta são apenas algumas das variedades de produtos alimentícios feitos de soja. Os estrógenos vegetais principais na soja são as isoflavonas genisteína e daidzeína, que isolam sintomas da menopausa como calorões, suores noturnos e osteoporose. Em um teste clínico, mulheres que comeram 45 gramas de farinha de soja diariamente experienciaram uma redução de 40% nos sintomas da menopausa. Similar ao óleo de linhaça, a soja é uma das poucas fontes vegetais de AGE, ácido graxo Ômega-3. Você se lembra de que os Ômega-3 são notáveis por sua habilidade em reduzir o risco de males do coração e de câncer. Os grãos de soja também são a única fonte vegetal conhecida que tem todos os oito aminoácidos essenciais, fornecendo então uma proteína completa. Os grãos de soja também são ricos em vitaminas B e em cálcio. Aqui segue um quadro gráfico de quantidades e comparações, baseado em 50-75 g de proteína de soja por dia, o que é recomendado para obter o benefício máximo:

Farinha de soja: ½ xícara — 50 mg

Leite de soja: 1 xícara — 40 mg

Tofu: ½ xícara — 40 mg

Feijões de soja: ½ xícara — 40 mg

Sopa de missô: ½ xícara — 40 mg (cuidado: 1 colher de sopa de missô contém 600 mg de sódio!)

Tempeh: ½ xícara — 40 mg

A fim de conseguir os benefícios para a saúde proporcionados pela soja, você deve comê-la diariamente. Componentes úteis da soja, como o genisteína previamente mencionado, apenas ficam no corpo por no máximo 24-36 horas. As células são rapidamente esvaziadas desta substância após menos de dois dias não comendo produtos de soja.

Nota: *Se você já teve câncer de mama, não consuma quaisquer produtos de soja! Para mais informação leia no Capítulo 5 "A Soja Magra".*

Trevo-dos-Prados (*Trifolium pratense*)

Pense nas flores de trevos arroxeadas das quais as abelhas extraem o néctar para fazer mel. Doces, fragrantes, delicadas. O trevo-dos-prados era usado no passado principalmente como ração para gado. Isso porque ele é naturalmente rico em vitaminas e minerais. Esta mesma planta é rica em fitoestrógenos. Durante os anos 30, o trevo-dos-prados foi um remédio contra o câncer amplamente usado. A exemplo disso, o trevo-dos-prados ainda é prescrito, principalmente na Europa, contra cânceres de mama, ovário e linfático.

Seus constituintes vegetais incluem os isoflavonóides, que como discutido previamente, são responsáveis pela atividade estrogênica. Você pode fazer um chá de verão refrescante ou uma bebida quente imergindo 30 g de erva em meio litro de água. Você vai preferir usar principalmente as folhas, já que elas contêm a maioria dos isoflavonóides. Se, todavia, você adquirir a erva a granel, a maioria das marcas vai incluir um bocado das flores doces na mistura. Delicioso! O trevo-dos-prados também possui propriedades antiinflamatórias, portanto também é bom contra dores de artrite, que é uma doença inflamatória. A dosagem padrão para auxiliar na produção de estrógeno é de 2 xícaras de infusão por dia.

Óleo de Linhaça (*Linum Usitatissimum spp*)

Eu falei sobre o óleo de linhaça no Capítulo 5 sob o título Ácidos Graxos Essenciais: As Gorduras da Vida. Eu também lhes forneci uma receita ótima utilizando o óleo de linhaça no Capítulo 6, chamada de Frappé de Mirtilo e Fibra de Linho. Contudo, você deve tomar cuidado com a habilidade do óleo de linhaça em facilitar a produção natural de estrógeno. Outro nome para fibra de linho é linhaça; na verdade eles são a mesma coisa. A linhaça contém ácidos cis-linoléico e alfa-linoléico. Estes são ácidos graxos essenciais que não podem ser produzidos pelo corpo, mas devem ser obtidos de uma fonte externa. Os AGE previamente mencionados são necessários para a produção de hormônios como as prostaglandinas (na verdade classificados como autocóides), que são necessários para muitas funções do corpo. Por exemplo, prostaglandinas influenciam a quebra de gordura, o balanceamento de fluidos, a coagulação e circulação do sangue, a neurotransmissão, as funções do pâncreas e do ovário. Sem os ácidos graxos essenciais, a produção de prostaglandinas pode ser seriamente atrapalhada, resultando em problemas de saúde relacionados aos ógãos e funções que elas auxiliam.

É recomendada até uma colher de sopa por dia de óleo de linhaça para a manutenção apropriada da produção de estrógeno. Tome a linhaça emulsificada em uma vitamina, iogurte ou requeijão, contanto que contenha um pouco de gordura. Também seria desejável que você escolhesse óleo de linhaça do tipo rico em lignina. Quando aumentar o seu consumo de gorduras essenciais, você precisará assegurar-se de que está tomando vitamina E suficiente. Estes óleos podem ficar "rançosos" no corpo, portanto tomar uma quantidade adequada de d-alfa tocoferol rico em antioxidantes é imperativo quando eles forem adicionados em sua dieta.

Uma Palavra sobre Medicamentos para Osteoporose e Hipotireoidismo

Enquanto a soja é rica em cálcio absorvível e a adição destes suplementos alimentícios ricos em fitoestrógeno à sua dieta auxiliará a deter a osteoporose, você precisará assegurar-se de que ainda está ingerindo cálcio suficiente. Mulheres que usaram Sintróide, (levotiroxina sódica), por alguns anos, também correm o risco de desenvolver osteoporose em uma escala maior do que a população geral. Eu tenho visto mulheres relativamente jovens, com seus 50 anos, sofrendo desta doença. Somado a isso, quando uma mulher com uma tiróide hipoativa entra na menopausa, essa fase da vida automaticamente acelera a perda óssea. Conseqüentemente, a combinação destes dois fatores equivalem a uma maior incidência de fratura espinhal e da bacia em uma idade relativamente precoce.

Como saber se você está nesta categoria? Se você tomou Sintróide ou Armor Thyroid por mais de 3 anos, então sua própria tiróide muito provavelmente não está mais produzindo seus próprios hormônios. Isso é parte do mecanismo de reflexos negativos da homeostase. Simplificadamente, isso significa que, quando você introduz uma fonte externa de um hormônio em seu corpo, o sistema endócrino valida esta ação sinalizando a paralisação da produção dele pelo órgão alvo. Neste caso, seu corpo percebe quantias adequadas de tiroxina na circulação sangüínea, então sua tiróide pára de produzir este hormônio e começa a atrofiar ou encolher. É por isso que quando você começa a usar este tipo de medicação, vai precisar dela a vida inteira. As coisas também não melhoram nem um pouco quando você entra na menopausa. Parece que a terapia de reposição de estrógeno pode não funcionar muito bem, porque ela compete pelos mesmos locais receptores com o Sintróide, deslocando-a. Portanto, combinar Sintróide com a terapia de reposição hormonal pode exigir grandes quantidades da medicação da tiróide para funcionar normalmente. Se isso ocorreu com você, converse com seu médico ou farmacêutico.

De qualquer modo, tomando ou não tomando o Sintróide, seria desejável que você revisse o Capítulo 2, Você Está Sem Cálcio?
O Melhor Tipo de Cálcio para Você e para Seus Ossos.
Quando chega a menopausa, o que significa a total cessação de seu ciclo menstrual, a perda óssea de fato ganha força. Se você é alguém que fez dietas da moda nos seus 30 a 40 anos, bem, talvez tenha que pagar as despesas agora. Todavia, a natureza perdoa. Você sabia que você tem um esqueleto completamente novo a mais ou menos cada oito anos? Isso é relativo ao índice médio de reposição do tecido ósseo. Seu esqueleto é uma estrutura viva, partindo-se e então se reconstruindo novamente, mas apenas se os elementos certos estiverem presentes. Outros fatores também podem afetar o funcionamento e até mesmo a forma de seu arcabouço interno. Você sabia que se habitualmente fica curvado, sua espinha vai desenvolver-se de modo a seguir esta curva? Apenas o simples ato de endireitar-se e caminhar ereto tem efeitos maravilhosos tanto na sua constituição física como na psicológica. Em primeiro lugar, isso constrói a auto-estima e reflete para o mundo sua confiança e juventude. Esta atitude também permite aos seus pulmões encherem-se completamente, oxigenando o sangue, aperfeiçoando tanto as funções físicas como mentais. Portanto, a advertência de sua mãe para "Ficar ereto e parar de curvar-se" é bem fundamentada na ciência médica!

Como seu esqueleto é uma matriz viva de tecido ósseo, ele deve ser alimentado apropriadamente para manter o funcionamento e o vigor adequados. A quantidade de cálcio que uma mulher precisa durante a menopausa é discutível apenas porque os vários tipos de cálcio têm diferentes índices de biodisponibilidade. Os preparados mais comuns e baratos contêm carbonato de cálcio que é derivado de rocha! Estas são as mudas para a formação de cálculos renais. Sinto muito, mas o corpo não reconhece uma rocha como uma fonte alimentar. Algumas pessoas foram aconselhadas a tomar Tums, já que seu suplemento de cálcio freqüentemente foi muito pobre, apenas alguns anos antes quando tiveram que passar pela litotricia, ou a trituração de cálculos nos rins via ondas de ultra-som. Eu não sei de você, mas eu posso pensar em alguns outros lugares para passar meus dias de férias.

As atuais quantias de cálcio requeridas por mulheres pós-menopáusicas ficam entre 1.200-1.500 mg de cálcio diariamente.

Como previamente mencionado, a quantidade que você toma e a que você realmente absorve podem variar bastante. Já que nenhum capítulo sobre a saúde da mulher estaria completo sem falar sobre estresse, o artigo seguinte também é tirado de minhas colunas especializadas que são publicadas por jornais em todo país e até mesmo distribuídas no estrangeiro. Nós, mulheres, nos interiorizamos muito mais que nossas contrapartes masculinas. Desde o nascimento somos treinadas para sermos protetoras, encorajadoras, colocando as necessidades de todos acima das nossas. Enquanto este nível de abnegação é parte do caráter dos mártires, de maneira saudável, ele pode ser responsável por as mulheres terem muito mais estresse e desordens psicológicas do que os homens. Deveria estar claro que para cuidarmos dos outros, devemos primeiro cuidar de nós mesmas. Eu sei que esta talvez seja uma idéia difícil de vender, mas é absolutamente verdadeira. Você perceberá que tem muito mais para dar à sua família se primeiro investir em cuidar de si mesma diariamente. Sua saúde depende disso, como você verá no artigo que segue.

Alívio Natural de Estresse para Mulheres

O estresse mata! Bem, talvez não imediatamente, mas ao longo do tempo o desgaste que o estresse provoca em nossos corpos é inegável. A ciência médica estima que o estresse é responsável por 80% de todas as moléstias. Até mesmo os médicos relatam que ao menos 75% das consultas que atendem estão relacionadas ao estresse.

O que exatamente é o estresse e como ele nos afeta fisicamente? Na realidade, o estresse são as reações de combate ou de fuga que disparam o fluxo de hormônios e substâncias químicas em nosso corpo, que nos preparam para a batalha ou para a retirada. De qualquer modo, estresses químicos repetidos na corrente sangüínea podem fazer nosso sistema imunológico enfraquecer sendo responsáveis pelo aumento de resfriados, infecções respiratórias, colite e pela progressão do câncer. Há igualmente vinculações do estresse como contribuidor no aumento das incidências de hipertensão, ataques cardíacos, diabetes, asma, alergias e dores lombares.

Não apenas isso, mas o estresse também esgota a serotonina do cérebro, um importante neurotransmissor responsável pela manutenção do humor positivo. Outras substâncias químicas do cérebro importantes são igualmente exauridas durante as reações de combate ou de fuga disparadas. Isto tem sido associado à incapacidade de lembrar coisas sob o efeito do estresse. A perda temporária da função da memória é portanto ligada ao estresse.

Agora as boas notícias. Há muito que você pode fazer para controlar o estresse em sua vida, assim como para contrabalancear seu efeitos. Aqui seguem alguns infalíveis combatentes naturais do estresse para serem testados:

- Tome carboidratos complexos suficientes. Não tome os indicados pela falácia da dieta Atkins. Seu corpo precisa de grãos integrais, que são ricos nas vitaminas do complexo B, lenitivos do estresse. De fato, comer uma batata assada pode aumentar os níveis de serotonina do cérebro em menos de 20-30 minutos!
- Tenha pelo menos 7 horas de sono por noite. A privação do sono é muito comum entre nós, americanos competitivos. Fazendo isso você pode estar minando seu potencial pleno de produtividade para trabalhar e para agir, se você não teve um sono adequado. Um estudo mostrou que aqueles que dormiam o suficiente a cada noite viviam mais. Ora, esta é uma boa gratificação.
- Limite sua ingestão de cafeína. Isso vai por sua vez permitir que você tenha 7 horas de sono toda noite. Não apenas isso, mas a cafeína encontrada em apenas 2 xícaras de café pode destruir as reservas de vitaminas B e C de seu corpo. A cafeína por si mesma é uma indutiva do estresse, tornando você nervoso e viciado com o passar do tempo.
- Faça algo relaxante para você todos os dias. Isto recai na categoria de cuidados próprios. Reduzir o estresse por meio de reflexão ou oração todos os dias é uma maneira maravilhosa de você ter alguns instantes de calma. Isto também pode ser feito junto com outras atividades. Por exemplo, imagine um banho morno no fim do dia e perfumado com os benefícios aromaterápicos do óleo de lavanda. Acenda uma vela perfumada de baunilha enquanto lê um livro. Se você fizer disso uma prioridade, este momento especial pode manter o estresse fora da sua vida.

Aprenda a desafogar as emoções negativas expressando-as de um modo positivo. Comunicação aberta e honesta é essencial. A Bíblia faz uma maravilhosa advertência quando nos diz: não deixe o sol se pôr com você irritado. Ela também dá alguns excelentes conselhos a respeito do perdão e de não dar ouvidos a todas as coisas depreciativas que as pessoas possam dizer sobre você. Na vida, você vai ter que deixar algumas coisas passarem. Uma palavra indelicada de seu vizinho, ser desprezado não sendo um convidado na casa de um amigo. A vida é repleta de relacionamentos instáveis tornados ainda mais ásperos quando nós reagimos. Por outro lado, também não se preocupe se as pessoas vão pensar que você não é uma "boa garota" se você defender sua posição. Muitas vezes nós apenas não queremos entornar o caldo ou sermos acusados de difíceis. Esqueça isso! Simplesmente fale. Firmemente, com confiança faça suas reclamações e diga o que você precisa do outro. A outra pessoa pode até acusá-lo de estar sendo hipersensível (um estratagema comum). E então? Faça exatamente como um dos meus professores de direito preferidos, "Mantenha seu olhar na bola", e não se deixe desviar por comentários sobre o seu comportamento quando a outra pessoa realmente tiver culpa.

Finalmente eu acho que nós mulheres temos que nos animar. Ter humor, espirituosidade e pilheriar parecem ser totalmente aceitáveis como parte do comportamento masculino, mas não para o das mulheres. Bem, você pode mudar tudo isso. As pessoas realmente apreciam um bom senso de humor. Eu não estou dizendo para você virar comediante, mas fazer uma piada de vez em quando mostra ao mundo que você tem autoconfiança e uma mente também. O ato físico de rir, mesmo de suas próprias brincadeiras, é extremamente benéfico ao sistema cardiovascular e libera endorfinas ou hormônios de bem-estar que nos ajudam a enfrentar as adversidades da vida. Se você não acredita nisso eu posso lhe dizer que quando eu doei meu tempo para fazer testes gratuitos de pressão sangüínea na feira livre de minha cidade, o grupo com o melhor pulso e pressão do sangue era o dos palhaços que estavam se apresentando! Um palhaço até mesmo tentou me convidar para sair. (Desculpe, eu sempre quis dizer isso!)

Apesar de eles não serem exatamente homens jovens (entre 55 e 64 anos de idade), a gordura de seu corpo, seu índice cardíaco e pressão sangüínea eram próximos dos de homens com 1/3 de sua idade. Embora fosse um pouco difícil perceber por debaixo de toda aquela maquilagem, eles realmente pareciam mais jovens também. Dado que um desses palhaços tentou convidar-me para jantar, eu lhes asseguro que da mesma maneira seus hormônios estavam funcionando no nível de alguém de 20 anos! Então a moral de tudo isso é adotar uma atitude otimista já que o riso talvez seja o melhor de todos os combatentes do estresse. Você também vai perceber que você é muito mais engraçada do que pensava.

Capítulo 9

Do Que uma Mulher Precisa para Parecer Jovem

Tudo bem, apelarei para a vaidade em todos nós. Encaremos a verdade, a imagem que projetamos no público reflete em como nos sentimos por dentro. Você sabia que pacientes que costumam ir ao médico maquiadas, com roupas viçosas e com o cabelo feito freqüentemente têm que esperar mais? Isso ocorre porque a pessoa não "parece" doente! Outros pacientes mais desleixados podem facilmente ser passados na sua frente devido ao fato de você não parecer tão mal quanto os outros. Preocupar-se com a nossa aparência é mais do que vaidade, entretanto. Se você analisar pessoas mentalmente perturbadas e deprimidas, elas com freqüência têm pouquíssimo interesse em sua aparência exterior. Isso não é normal porque nós humanos somos criaturas sociais. Toda uma indústria cresceu ao redor de nosso desejo de parecer e cheirar bem, melhorando nossa atração social.

O Teste do Batom

Longe de ser um ensaio clínico, o Teste do Batom é um nome dado a pacientes que estão começando a se "restabelecer" após o acometimento de uma enfermidade. Mulheres muito doentes no hospital vão muitas vezes negligenciar sua aparência. Elas simplesmente não se sentem bem o suficiente para estas coisas muito pessoais. Contudo, à medida que elas começam a sentir-se melhor, talvez peça um espelhinho e sim... um batom! Este é um excelente sinal de sua melhora progressiva. A mesma filosofia funciona com sobreviventes do câncer de mama. Muitas vezes elas vão perder seu cabelo, coloração saudável e peso, tudo por causa da quimioterapia. É realmente muito humilhante para muitas mulheres ficar tão doente e ter que assistir vestígios de sua feminilidade desaparecerem. Só a perda de cabelo para uma mulher muitas vezes já é devastadora. Os campos de concentração nazistas raspavam os cabelos tanto das mulheres quanto dos homens por uma razão. Esta razão era a de os fazerem sentir-se vulneráveis e fracos. Portanto, perder a beleza com que nos coroam nossos cabelos é uma razão para depressão por si só.

É por isso que existem serviços e aulas apenas para mostrar às mulheres como usar perucas, maquilagem e próteses no formato de seios para fazê-las sentirem-se melhor. É de conhecimento geral que quando você tem uma aparência melhor, você vai sentir-se melhor. É muito cedo para dizer, mas parece que o aumento no número de sobreviventes do câncer de mama pode ser correlacionado a mulheres que se serviram desses programas opcionais durante o tratamento e a recuperação. A depressão de qualquer procedência causa o desfalecimento do sistema imunológico, reduzindo suas chances de cura.

Cuidados com a Pele Quando Envelhecemos

Este capítulo vai lhe dar algumas fórmulas maravilhosas para limpar, suavizar e umedecer a pele em qualquer idade. Se você já está entrando na menopausa, tenha em mente que a produção reduzida de estrógeno vai automaticamente afetar a aparência de sua pele. Com muita freqüência você vai notar a afinação da derme, a camada mais fina sob a epiderme. Isso significa que a redução de estrógeno causa a redução da produção de óleo e colágeno. Então a camada externa começa a ceder e não "ajustar-se" rente como costumava fazer. É por isso que realizar uma operação facial pode não resolver todos os seus problemas. É a estrutura sob a pele que precisa ser reforçada.

Infelizmente, muito do que se diz sobre produtos que contêm colágeno e elastina são apenas falácia. As moléculas destas substâncias são muito grandes para penetrar na epiderme. Eles podem ter qualidades umectantes, mas não podem penetrar o suficiente na pele para beneficiar realmente onde é necessário. Você vai acabar pagando muito no balcão das lojas de beleza por produtos que fazem pouco mais do que assentarem-se na superfície da pele. Isso não quer dizer que nada funciona. Há alguns poucos produtos e procedimentos não-cirúrgicos que dão excelentes resultados por menos do que você está pagando no balcão da Chanel.

Esfoliações com ácido glicólico — Este é um procedimento para profissionais e é menos cáustico que os fenóis, mais fortes, usando ácidos de frutas concentrados para esfolar a superfície da pele e estimular o novo crescimento celular da parte interior profunda. O resultado são poros menores, pele mais macia, diminuição de sardas e um brilho luminoso. Este tratamento não vai remover rugas ou dobras profundas, mas linhas finas virtualmente desaparecem. Os dermatologistas usam uma porcentagem mais forte do ácido glicólico do que os salões podem adquirir. Eles também têm mais treinamento para lidar com reações como irritações e queimaduras. Embora raros, estes efeitos colaterais podem ocorrer em pacientes sensíveis. Você não quer alguém passando este tipo de substância química no seu rosto e então saindo correndo para verificar a permanente de outra cliente!

Jane Goldberg e o Dr. Paul M. Goldberg fazem peelings *com ácido glicóico em sua clínica.*

Evite o salão, vá ao consultório do dermatologista. Um cirurgião plástico que oferece este procedimento em seu consultório em Matawan, em Nova Jersey, é o Dr. Paul M. Goldberg. "Estas esfoliações são efetivas na correção de linhas e rugas finas. É uma excelente alternativa a alguns dos procedimentos mais invasivos como a dermoabrasão, embora oferecendo ainda suavização e fixação da pele sem os riscos associados."

Geralmente, o procedimento começa com a visita semanal durante 10 semanas para realizar as miniesfoliações.

Quando a pele estiver condicionada, você vai ter apenas que fazer uma manutenção, fazendo as esfoliações uma vez a cada seis semanas ou mais. Os resultados são muitas vezes quase miraculosos. Um brilho luminoso, mesmo a tonificação da pele, redução de linhas e rugas finas, pele mais esticada e firme e um adeus às erupções de acne, tudo no mesmo pacote. Incrível.

Tratamentos naturais de spa... por centavos! — Há algumas máscaras facias naturais caseiras que podem ser usadas baseadas nos benefícios da ocorrência natural de ácido glicólico. Estes ácidos "frugais" estão presentes no leite, cana-de-açúcar e muitos outros produtos comestíveis. Não ria. As pessoas gastam altas quantias para ter tais tratamentos que são a moda em elegantes spas de beleza por todo o país. Usando frutas, óleos essenciais e plantas eles oferecem uma refrescante mudança de ritmo para você e para sua pele.

Então já que você tem sido tão gentil, vou compartilhar alguns segredos para deixar sua pele bonita dos pés à cabeça. Estes são uma reimpressão de *(Secret Potions, Elixirs and Concoctions: Botanical & Aromatic Recipes for Mind, Body & Soul — Poções, Elixires e Preparados Secretos: Receitas Botânicas & Aromáticas para Mente, Corpo & Alma)*, escrito por minha filha (sim, eu sou assim tão velha), Marie A. Miczak.

Só não me culpe se você começar a falar com um sotaque francês, almejar Perrier e exigir viagens de inverno à Riviera: *Secret Potions, Elixirs and Concoctions,* por Marie A. Miczak, Lotus Press.

Excertos do Capítulo 4: Cuidados da Pele e do Corpo

Reimpresso com permissão de *Secret Potions, Elixirs & Concoctions,* por Marie A. Miczak, Lotus Press, uma divisão de Lotus Brands, Inc. P.O. Box 325, Twin Lakes, WI 53181 © 1999. Todos os Direitos Reservados.

Um grande número de spas elegantes está agora usando tratamentos "naturais" e "com base em plantas". Alguns até mesmo são preparados na hora. O problema vem com o fato de muitas pessoas não terem o dinheiro para pagar as taxas ridículas cobradas por alguns estabelecimentos. Se elas são capazes de pagar, elas apenas podem dispor de suas economias para serem amimalhadas uma ou duas vezes em um ano, em ocasiões especiais talvez. Alguns tratamentos precisam ser aplicados regularmente antes que você comece a perceber a verdadeira diferença. Finalmente, muitas pessoas não têm vontade, ou não têm tempo, de penar em um spa um dia inteiro. Para remediar isso, muitos spas e companhias de cosméticos estão agora produzindo e comercializando produtos para serem usados em casa. Infelizmente, estes produtos também podem ser um tanto caros e não usam ingredientes 100% puros e naturais. A única maneira verdadeira de saber exatamente o que você está passando na sua pele é fazer seus próprios produtos. É claro que você não pode fazer tudo em casa, mas pouco a pouco você vai perceber-se substituindo os itens comprados na loja pelos produtos sensivelmente agradáveis encontrados neste livro.

E agora... as fórmulas.

Para o Corpo

Elixir de Madressilva para o Corpo

- *1 xícara de flores frescas de madressilva;*
- *2 xícaras de água de nascente ou destilada;*
- *1 colher (chá) de extrato de baunilha pura.*

Em um pequeno recipiente ferva a água, abaixe o fogo e adicione as flores. Desligue o fogo após 10 minutos. Cubra e deixe de reserva por 5 horas. Passado esse tempo retire toda a planta e coloque o líquido em uma garrafa de vidro. Use, passando por todo o corpo ou em máscaras de lama. Mantenha todas as porções que não forem usadas refrigeradas e por não mais do que uma semana.

Variações

Tente estas receitas para as necessidades específicas de sua pele.

Suavizadora:
- *1 xícara de pétalas de rosa frescas ou ½ de desidratadas;*
- *1 xícara de água.*

A rosa é extremamente suave para pele sensível. Use após o banho para obter um real proveito.

Refrescante:
- *2 colheres (sopa) de condimento de limão;*
- *1 xícara de água;*
- *1 colher (chá) de extrato de baunilha.*

Esta fórmula funciona muito bem de manhã após o banho para ajudar a despertar seus sentidos.

Umectante:
- *1 xícara de pétalas de rosa frescas ou ½ de desidratadas;*
- *1 xícara de água;*
- *1 colher (chá) de extrato de banana;*
- *5 gotas de essência de rosa (opcional).*

Colocar os elixires para o corpo em garrafas de loção vai tornar mais fácil para você usá-los e tirar proveito.

Chuva da Amazônia

- *4 xícaras de água de nascente ou destilada;*
- *½ colher (chá) de mel;*
- *10 gotas de óleo de fragrância de coco ou 2 colheres (chá) de extrato de coco;*
- *½ colher (chá) de extrato de baunilha pura;*
- *5 gotas de essência de jasmim.*

Misture todos os ingredientes e coloque em um *spray* tendo o cuidado de agitar sempre antes de usar. Esta é uma loção maravilhosa, levemente perfumada, que você pode usar quando se exercitar ou após um dia de diversão ao ar livre. Mantenha todas as porções que não forem usadas refrigeradas e por não mais do que uma semana.

Banho de Leite de Cleópatra

- *2 xícaras de leite em pó;*
- *½ xícara de maisena;*
- *5 gotas de essência de sândalo;*
- *½ colher (chá) de extrato de baunilha pura;*
- *um pedaço quadrado de gaze.*

Misture todos os ingredientes em uma pequena tigela até que estejam bem amalgamados. Coloque metade da receita no meio do quadrado de gaze, formando um montículo. Junte as quatro extremidades e amarre com um fio. Prepare um banho quente e coloque o sachê sob a água corrente. Quando a água tiver resfriado a uma temperatura agradável, esprema gentilmente o sachê. Ao fim do banho, enxagüe rapidamente qualquer resíduo de leite.

Sais de Xangai

- *2 xícaras de maisena;*
- *1 xícara de farinha de arroz;*
- *½ colher (chá) de canela em pó;*

- ¼ de colher (sopa) de gengibre desidratado em pó;
- 1 colher (sopa) de cravos;
- 10 gotas de essência de laranja;
- ½ xícara de epsomita;
- 1 a 2 gotas de corante para alimentos amarelo.

Coloque todos os ingredientes em um liquidificador e bata bem. Coloque 4 colheres de sopa em água fervente. Picante e exótico, este com certeza será um dos seus tratamentos favoritos. Pequenos jarros para doces com tampas são os recipientes perfeitos. Armazene em local fresco e seco.

Sais Cristalinos

- ½ xícara de sal marinho;
- 1 xícara de bicarbonato de sódio;
- ½ xícara de epsomita;
- 20 gotas de essência de folhas de limoeiro;
- Algumas gotas de corante para alimentos vermelho.

Misture todos os ingredientes até estarem totalmente amalgamados. Coloque em uma bela garrafa de vidro usando uma concha como colher de medida. Mantenha em local fresco e seco.

Banho do Amor

- 1 xícara de pétalas de rosas recém-colhidas;
- ½ xícara de leite em pó;
- 10 gotas de essência de rosa;
- 1 quadrado de gaze.

Combine todos os ingredientes em uma tigela e transfira para a gaze, formando um montículo no centro. Junte as quatro extremidades e amarre com um fio. Prepare a água do banho quente e coloque o sachê sob a água corrente. Quando a água estiver a uma temperatura agradável, pegue o sachê e esprema algumas vezes antes de entrar.

Embebição Adocicada de Menta

- *2 xícaras de água de nascente ou destilada;*
- *½ xícara (chá) de menta solta ou 2 saquinhos de chá;*
- *½ xícara de epsomita;*
- *10 gotas de essência de menta.*

    Ferva a água e adicione o chá. Desligue o fogo e deixe em imersão por 1 ou 2 horas dependendo da intensidade que você desejar. Remova os saquinhos de chá e bata todos os ingredientes em um liquidificador até que fiquem bem misturados. Garrafas limpas com rolhas ou tampas funcionam melhor como recipientes. Quando for usar, dê uma boa chacoalhada na garrafa e despeje o quanto quiser na água do banho. Armazene todas as porções não usadas em sua geladeira por não mais do que 2 semanas. Ótimo para pé dolorido ou cansado. Muito revigorante, portanto não use à noite a menos que você vá sair para dançar!

Laguna da Sereia

- *1 xícara de epsomita;*
- *1 xícara de sal marinho grosso;*
- *10 gotas de fragrância ou essência de frangipana;*
- *10 gotas de corante para alimento azul.*

    Combine bem todos os ingredientes e coloque em um recipiente com rolha. A epsomita tende a evaporar. Leve e refrescante, este elixir vai rapidamente se tornar um de seus vícios favoritos.

Explosão Estelar

- *1 xícara de epsomita;*
- *1 xícara de bicarbonato de sódio;*
- *20 gotas de fragrância de morango;*
- *10 gotas de corante para alimento amarelo;*
- *1 grão de baunilha, fendido.*

Misture os quatro primeiros ingredientes em uma tigela grande. A razão pela qual a receita pede corante para alimento amarelo em vez de vermelho, para produzir uma cor rosada, é porque esses sais parecem ter o aroma delicioso de abiu. Infelizmente perfumes de abiu não são muito fáceis de achar, portanto o de morango bastará. Coloque a mistura em um recipiente limpo, colocando o grão de baunilha bem no centro. Com o tempo a baunilha vai adicionar um toque delicado aos seus sais de Explosão Estelar. Deixe curar por 2 semanas antes de usar. Armazene em local fresco e seco em um recipiente com a tampa bem apertada.

Manteiga para o Corpo Rainha da Noite

- *8 colheres (sopa) de óleo de jojoba ou de amêndoa doce (base);*
- *1 colher (chá) de vitamina E;*
- *1 colher (sopa) de margarina;*
- *10 gotas de essência de jasmim;*
- *3 gotas de essência de baunilha;*
- *½ colher (chá) de mel;*
- *1 colher (chá) de cera de abelha natural.*

Coloque todos os ingredientes em uma caçarola. Misture até que esteja tudo completamente dissolvido e combinado. Desligue o fogo e despeje em um jarro limpo. Cubra e coloque na geladeira. Você talvez precise dar uma ligeira mexida antes de usar. Apenas uma pequena porção vai dar grandes resultados.

Tratamento Completo para o Corpo

Com esta série de tratamento você pode transformar a sua casa em um pródigo spa por um dia. Assegure-se de observar todos os passos antes de proceder e de fazer ajustes aos preparados dependendo do tipo de sua pele.

Esfoliante de Amêndoa para o Corpo

- *4 colheres (sopa) de bicarbonato de sódio;*
- *½ xícara de fubá branco;*
- *10 amêndoas naturais;*
- *1 colher de extrato de amêndoa.*

    Coloque as amêndoas num moedor de café e mexa até moer bem. O mesmo pode ser feito em um liquidificador. Bata todos os ingredientes e armazene na geladeira até a hora de usar.

Máscara de Lama de Água de Rosa

- *1 xícara de elixir de rosa para o corpo;*
- *5 gotas de essência de rosa (opcional);*
- *Lama seca o suficiente para fazer uma máscara fina;*
- *1 colher (chá) de óleo de amêndoa doce ou de oliva.*

    Revolva bem todos os ingredientes e armazene em um recipiente limpo. Deixe na geladeira até a hora de usar.

Óleo de Banho de Cereja

- *4 colheres (sopa) de óleo de oliva;*
- *2 colheres (sopa) de óleo de canola;*
- *2 colheres (sopa) de óleo de amêndoa doce;*
- *½ colher (chá) de vitamina E;*
- *10 gotas de fragrância de cereja.*

    Em uma tigela pequena misture todos os ingredientes. Mantenha refrigerado até a hora de usar.

Elixir de violeta para o corpo

- *2 xícaras de flores frescas de violeta;*
- *3 xícaras de água de nascente ou destilada;*

- ½ colher (chá) de extrato de baunilha.

Ferva a água. Adicione as pétalas das flores, ferva coberto por cinco minutos. Desligue o fogo e reserve por 1 hora. Despeje em um recipiente de vidro ou xícara de cerâmica e mantenha refrigerado até a hora de usar. Se não estiver na época de violetas use um dos outros elixires para o corpo deste livro.

Primeiro passo:

Umedeça a pele antes de aplicar o esfoliante de amêndoa para o corpo. Espalhe o esfoliante, massageie suavemente com movimentos circulares para remover a pele morta.

Segundo passo:

Aplique a máscara de lama de água de rosa nos braços, pernas, coxas, etc. evitando sempre as áreas sensíveis da pele. Espalhe em uma camada fina e deixe secar por cerca de 20 minutos.

Terceiro passo:

Prepare um banho quente e adicione o óleo de banho de cereja. Quando a água atingir uma temperatura agradável, entre e fique de molho até que a lama possa ser removida facilmente com uma esponja de banho.

Quarto passo:

Embeba-se ligeiramente com o elixir de violeta para o corpo. Se você quiser, pode usar a manteiga para o corpo rainha da noite para obter um efeito ainda mais umectante.

Nota: *Lembre-se sempre de fazer um teste de toque.*

FÓRMULAS FACIAIS

A Juventude em uma Garrafa

- *10 gotas de essência de rosa;*

- *10 gotas de essência de nerol;*
- *10 gotas de essência de laranja;*
- *1 xícara de água destilada.*

    Verta os ingredientes na ordem listada tomando o cuidado de utilizar uma garrafa bem limpa de vidro. Agite bem antes de aplicar na pele recém-lavada. Não substitua nenhuma das essências por fragrâncias. O efeito deste tratamento não será o mesmo.

Óleo de Rosa Rejuvenescedor

- *10 gotas de essência de rosa;*
- *2 colheres (sopa) de óleo de amêndoa doce;*
- *3 gotas de essência de gerânio.*

    Misture bem. Mantenha em uma garrafa de vidro na geladeira. Use como um tratamento localizado para rugas e/ou linhas finas ou como um umectante para o rosto todo. Não use ao redor dos olhos.

Vapor de Rosas Facial

- *½ xícara de pétalas de rosas frescas ou ¼ de xícara de pétalas desidratadas;*
- *5 gotas de essência de rosa (opcional);*
- *½ colher (chá) de extrato de baunilha;*
- *Água suficiente para encher uma tigela grande.*

    Usando uma chaleira, leve a água ao ponto de ebulição. Coloque uma tigela grande em uma superfície dura e plana como uma mesa. Adicione as pétalas, o extrato e a essência. Coloque uma toalha de banho sobre sua cabeça e despeje a água na tigela. Ponha sua cabeça o mais perto possível do vapor sem que você se queime. Se o vapor estiver muito quente, deixe resfriar um pouco. Fique sob a toalha por cerca de 20 a 30 minutos. Não use mais do que uma vez por semana.

Leite para Limpeza Europeu

- *2 xícaras de leite em pó;*
- *1 grão de baunilha (opcional);*
- *5 gotas de lavanda.*

Misture tudo e coloque em um recipiente com tampa. Armazene em local escuro e fresco. Para usar, aplique uma pequena quantidade em sua mão com água e cubra o rosto e o pescoço. Utilize as pontas de seus dedos para fazer movimentos circulares ao longo de sua pele. Enxagüe bem com água morna. Este leite não apenas vai limpar sua pele, mas também vai ajudar a ressaltar sua expressão.

Máscara de Iogurte de Morango

- *¼ de xícara de iogurte natural;*
- *3 morangos frescos;*
- *3 gotas de essência de lavanda.*

Remova as folhas e o talo dos morangos. Usando um garfo, esmague-os até obter uma polpa fina. Você também pode usar um liquidificador ou um pequeno processador de alimentos. Misture com o iogurte e a essência. Aplique sobre a pele limpa e deixe por 15 a 20 minutos. Lave com água morna. Você verá que esta máscara é muito suavizante e refrescante para a pele. Descarte o que não foi utilizado.

Capítulo 10

Do Que um Homem Precisa para Permanecer Jovem

Agora se vocês homens estão pensando "Uma mulher mais jovem!", vocês também estão malbaratando seus esforços! Eu vou explicar. Estudos de fato mostram que homens mais velhos que têm esposas mais jovens normalmente têm vidas mais saudáveis e longas. Por outro lado, os homens normalmente ficam piores depois de um divórcio ou morte de sua esposa, mesmo que sejam as mulheres que na maioria das vezes fiquem piores financeiramente quando solteiras. A verdade é que o casamento faz bem a uma pessoa, não importando qual seja o seu sexo. Alguém com quem compartilhar seus sonhos, que dá sentido à sua existência e contribuições ao mundo, é uma carga poderosa na energia de sua vida.

As pessoas em geral não ficam bem sozinhas e algumas pesquisas mostraram que pessoas mais velhas têm mais chances de sofrer demência ou esquecimento apenas por viverem sozinhas. Independência é algo importante, não se pode negar. Contudo, nós temos necessidade de diálogo e interação humana ao longo do dia, todos os dias. Os homens em particular têm necessidades especiais nessa área. Uma pesquisa interessante mostrou que, enquanto as mulheres escolheram sua irmã ou vizinha como melhor amiga, a maioria dos homens indicou suas mulheres como a companhia mais próxima. Então o que isso lhe diz? Seu relacionamento com sua esposa pode ser um dos seus melhores prognósticos para sua saúde e bem-estar futuros. Ciúme, rancor e autoritarismo, todos operam diminuindo o valor de um relacionamento e não têm lugar em um casamento feliz. Contudo, nós somos todos seres humanos e cedemos a essas fraquezas de vez em quando. É o "regime" constante desses sentimentos negativos, porém, que aumenta incrivelmente os riscos de você ter derrames ou ataques cardíacos. O estresse de um relacionamento contencioso como o descrito pode minar mesmo o bem-estar das pessoas mais saudáveis.

Um perigo adicional para os homens a este respeito é que eles pouco provavelmente vão procurar por ajuda psicológica para problemas como desordens de depressão e ansiedade. A sociedade ensinou os homens a não levar a termo ou não expressar seus sentimentos; que há fraqueza em precisar de ajuda para problemas mentais. Então vê-se aqui um índice de suicídios entre os homens que poderia ser incrivelmente reduzido se esses pacientes tivessem procurado pelo cuidado que eles precisavam tão desesperadamente, mas tinham medo de pedir.

Eu não estou dizendo que se você se sente para baixo porque seu time de futebol não ganhou o campeonato de novo este ano isso seja uma indicação para ir fazer uma visita ao psiquiatra. Nós estamos falando de episódios depressivos que durem mais de duas semanas e afetem a sua qualidade de vida. Coisas como isolamento, perda repentina do estímulo sexual, desesperança, falta de atenção com a higiene pessoal e apatia para com a vida não são normais. Se você sente que não tem absolutamente nenhuma razão de alegria na vida, vai precisar parar e avaliar suas circunstâncias. Longe de mim dar conselhos a alguém sobre desordens depressivas já que eu não sou qualificada para isso. Contudo, eu conheço os benefícios dos aconselhamentos que meus colegas têm para fornecer para as pessoas nestas condições. Dieta apropriada e até mesmo medicação se for necessário podem salvar sua vida. (Por favor leia o Capítulo 13 sobre Depressões da Meia Idade.)

Muitas coisas podem estar causando seus problemas. Pergunte a si mesmo, você mudou recentemente para um novo medicamento? Você está dormindo o suficiente toda noite, tendo ao menos 7 horas de sono? Você está comendo direito e tendo carboidratos complexos suficientes, como grãos integrais em sua dieta? Estas são informações que você vai ter que consultar com seu médico. Mesmo assim, eu pessoalmente iria ter um diagnóstico seguro de um especialista treinado em desordens psiquiátricas, como um psicólogo. Isto porque um psicólogo é um médico que, além de seu treinamento médico, estudou as desordens específicas da mente. O seu clínico geral pode fazer um diagnóstico errôneo sobre o que você tem e então prescrever uma terapia pouco efetiva para a sua condição. Também um psicólogo vai ser capaz de lhe dar um programa completo de apoio requerido para uma recuperação total. Não se trata apenas de pílulas. Trata-se de achar o que está realmente na raiz de sua depressão ou ansiedade, se isso for possível. Isso tampouco não vai ocorrer durante a sua usual visita de 15 minutos ao consultório do médico da família. A psicologia é uma área que requer a participação do paciente para que sua melhora ocorra. Pessoas que precisam de medicamentos para tratar suas desordens mentais, mas que não freqüentam o consultório, muitas vezes param com seus medicamentos. Isto ocorre porque depois de um certo tempo, eles decidem que estão curados e não precisam mais dos remédios prescritos. Tomar a medicação também os faz sentirem como se fossem doentes, enquanto não tomá-la os faz sentirem que são normais. É neste ponto que a maioria dos suicídios, agressões e homicídios envolvendo este segmento da população ocorrem. O acompanhado de drogas e álcool nas ruas, e a falta de alimentos nutritivos são somados como um barril de pólvora pronto a explodir.

Portanto, suas relações quando estão relacionadas à sua saúde e bem-estar mental não deveriam ser menosprezadas. É muito melhor desabafar com alguém, do que deixar algo tornar-se um problema maior. Perceber que estas necessidades podem mudar um pouco à medida que se envelhece vai torná-lo capaz de preparar-se e reforçar-se para balancear algumas destas condições.

TESTOSTERONA E A MENOPAUSA MASCULINA

Se você retornar ao Capítulo 2, verá este artigo, mas eu o estou reimprimindo aqui porque a maioria de vocês homens não vai preocupar em voltar para revê-lo! O ponto é que assim como a produção de estrógeno começa a minguar nas mulheres durante a menopausa, da mesma forma com a idade os níveis de testosterona começam a cair nos homens. Isso causa alterações no tamanho da próstata. É por este motivo que especialistas recomendam que homens com idade acima de 40 anos façam o exame de toque retal como parte de seus exames gerais, assim como as análises de AEP, (antígeno específico da próstata). Estima-se que cerca de 28.500 homens nos Estados Unidos morreram de câncer de próstata em 1989. Este é realmente um índice de mortalidade alto, porque este tipo de câncer é cerca de 90% tratável, se detectado cedo. Embora esta ocorrência em homens com idade inferior a 50 anos seja rara, se você é afro-americano, você deve observar o fato de que o risco de desenvolver câncer de próstata é muito maior do que o de outras raças.

Nem todos os tipos de cânceres masculinos ocorrem com o aumento da idade, no entanto. O câncer testicular, por exemplo, é visto em homens mais jovens de até 30 anos. É por isso que aprender técnicas de exame dos testículos é exatamente tão importante quanto o auto-exame de mama para as mulheres. Homens com um testículo alto têm até mesmo um risco maior de desenvolver câncer testicular. Conseqüentemente, para todos os homens, aqui vai um treino mensal.

Auto-exame Testicular

Cada testículo precisa ser examinado individualmente. Assegure-se de que você está em um local ameno. A melhor hora para fazer o exame testicular é após um banho morno quando o escroto está mais relaxado. Isto ocorre porque o calor faz os testículos sobressaírem do corpo, pois o calor imobiliza o esperma. Conseqüentemente, este é o modo de seu corpo manter o esperma em uma temperatura apropriada para a sobrevivência.

Em pé, coloque seus polegares na parte da frente dos testículos enquanto o segura com o indicador e o dedo médio de ambas as mãos. Agora revolva suavemente cada testículo individualmente entre os dedos e os polegares. Você notou algum caroço, rigidez ou espessura, principalmente quando comparado com o outro testículo? O que você pode sentir é o epidídimo, que é um corpo macio e tubular atrás do próprio testículo. Isso é normal. Também observe que montículos sentidos por fora dos testículos NÃO são tumores testiculares. Então relaxe, você está enganado.

Qualquer que seja sua idade, um pouco de cuidado próprio ajuda muito na prevenção. Há algo mais que você vai precisar prestar atenção, isso é, sua exposição a substâncias químicas tóxicas e metais pesados, em especial o cádmio. O cádmio (representado pelo símbolo Cd) tem a massa atômica de 112,40 e gravidade específica de 8,65. O *cádmio* foi descoberto em 1817 por Friedrich Stromeyer e é um *metal branco-prateado*, lustroso, maleável e dúctil. É comumente usado na indústria de revestimentos de galvanoplastia em ferro e aço para prevenir a corrosão e em reatores atômicos.

Quando trabalhei para a indústria de base, eu era Gerente de Controle de Qualidade de um analista químico. Fazia parte de minhas tarefas coordenar os manuais de materiais de segurança para a companhia e ensinar "É Bom Saber". Em qualquer companhia para qual você trabalhe, é parte dos termos de responsabilidade que você tenha total acesso a estes manuais de materias de proteção e que lhe seja ensinado como se proteger de substâncias químicas perigosas armazenadas no local. Se você trabalha neste tipo de indústria, precisa familiarizar-se com os manuais de materiais de proteção ou MMP para o cádmio. Dados como requerimentos de armazenamento, níveis de exposição e órgãos-alvo afetados pelo cádmio estão inclusos nos MMP. Eles falam sobre as particularidades deste elemento metálico, mas o que segue é algo que os manuais informativos não vão lhe dizer, então preste bastante atenção.

HPB E A CONEXÃO COM O CÁDMIO
"O zinco e o selênio podem ser a solução"

A Hiperplasia Prostática Benigna, ou HPB, tem por muito tempo sido considerada um chamado perturbador (muitas vezes no meio da noite), causando mudanças fisiológicas masculinas antecipadas na meia-idade. Após os 50 anos de idade, a testosterona de um homem diminui ao passo que outros hormônios como a prolactina e o estradiol aumentam. O aumento da próstata ocorre quando a testosterona, entrando nas células do órgão, é convertida em dihidrotestosterona. É esta substância, DHT, que adentra o núcleo da célula e estimula a síntese de proteínas, causando o crescimento anormal e aumento da próstata. Esta vai progressivamente comprimir a uretra que passa através dela. O efeito é muito similar a alguém em pé sobre uma mangueira, impedindo deste modo a passagem da água.

Danos aos rins e infecções na bexiga não são incomuns nestas condições. Os sintomas primários incluem idas freqüentes ao banheiro e diminuição do fluxo urinário, que é evidentemente em elevação em cerca de 50% de todos os homens de 60 anos e perto de 80% dos que têm mais de 70. Um total próximo de 10 milhões de homens americanos são afetados por esta condição. Até pouco tempo, pensava-se que isto era uma parte inevitável do processo de envelhecimento. Agora a ciência está ciente de que os fatores ambientais e nutricionais desempenham um papel tanto na solução como no agravamento deste problema.

Um estudo controlado mostrou que 14 entre 19 homens mostraram melhora quando tomaram o zinco mineral na quantia diária de 150 mg por 2 meses, com uma dose diária de manutenção de 50-100 mg. Isto foi demonstrado em 14 dos pacientes, apresentando encolhimento da próstata, avaliados pelo toque retal, raio X e endoscopia. O zinco é um mineral constitutivo que é crucial para a função da glândula próstata e o crescimento normal dos órgãos reprodutores. Deficiências de zinco aparecem como queda de cabelo, altos níveis de colesterol, visão noturna prejudicada, impotência, distúrbios da memória e, é claro, problemas na próstata. A parte mais desanimadora é que todos estes sintomas são associados com o simples fato de envelhecer!

Não devem ser omitidas nossas exposições modernas a respeito dos metais químicos e pesados, muitos dos quais são carcinogênicos ou causadores de câncer. Um estudo de observação fez um exame rigoroso sobre a exposição do cádmio. O cádmio é um metal branco-azulado claro usado industrialmente em baterias de galvanoplastia e reatores atômicos. As concentrações de cádmio na próstata em pacientes com HPB foram medidas pela espectroscopia de absorção atômica e foram tidas como estando consideravelmente mais altas do que no tecido normal (23,11+/-3,28 *versus* 5,25/-0,62 nmol/g). Os níveis de DHT na próstata eram diretamente proporcionais às concentrações de cádmio.

Parece ser evidente que o selênio, mencionado previamente para a prevenção do câncer, pode proteger da estimulação ao crescimento do tecido ou epitélio prostático induzida pelo cádmio. Os pacientes podem empreender uma análise elementar não invasiva que pode avaliar as proporções tanto de cádmio tóxico quanto de selênio/zinco benéfico. Isto se dá pela simples análise do cabelo.

Aí está. Uma análise elementar do cabelo não vai apenas indicar a que você esteve exposto, mas no que você pode estar deficiente nutricionalmente, como os níveis de selênio e zinco. Os homens geralmente são bons candidatos para a análise capilar já que eles tendem a fazer menos coisas com seus cabelos do que nós mulheres, (tingimentos, permanentes, etc.). Estes processos químicos depositam substâncias químicas na haste do cabelo que podem registrar resultados positivos falsos para certos elementos, especificamente os compostos de enxofre e chumbo. Isso porque ambos são usados em soluções de permanente e tintura para cabelo. É por isso que o cabelo deve ser cortado bem perto do couro cabeludo para ter uma melhor determinação dos elementos presentes de uma fonte endógena (que vem de dentro), ao invés de uma exógena.

O selênio é encontrado em abundância em alimentos naturais como castanha-do-pará, levedura nutricional, algas marinhas e frutos do mar (principalmente no salmão), germe de trigo e grãos integrais. Adicionalmente também há muitas ervas que são ricas em selênio. Elas incluem camomila, fruto do pilriteiro, cardo, urtiga, folha de framboesa, fruto da roseira e poligonácea. Os benefícios do fruto do pilriteiro e da folha de framboesa para a saúde e regulação dos hormônios femininos já foram destacados neste livro. É por isso que você precisa apenas incluir algumas ervas e suplementos em sua lista de rejuvenescedores. Todos os adjuntos nutricionais recomendados neste livro são designados para fazer tarefas duplas, ou até mesmo triplas, já que são tão bons para muitas desordens relacionadas à "idade". Você vai economizar e obter um bom resultado.

Capítulo 11

Do Que um Homem Precisa para Parecer Jovem

*M*ais uma vez uma mulher mais jovem nos seus braços não é a resposta que eu tenho para você! Devido ao fato de as mulheres geralmente sobreviverem aos homens em uma média de 5 anos, esse tipo de arranjo pode tornar uma mulher viúva muito cedo. Todavia, não tem que ser necessariamente assim. Como já foi previamente mencionado no último capítulo, muitas vezes um parceiro mais jovem para ambos os sexos pode aumentar a satisfação na vida e a longevidade do parceiro mais velho. Não é certo o porquê disso, mas talvez o otimismo juvenil, a vontade de tentar coisas novas e o exercício extra que se faz para manter-se ao lado de um companheiro mais jovem, possam ser parte da resposta. Uma mulher mais jovem pode estar mais interessada em manter seu marido mais velho por perto cuidando de sua dieta, preparando pratos com pouca gordura e muita fibra, cuidando para que ele se mantenha em forma. Um homem mais velho, procurando cuidar e agradar sua jovem esposa, pode ser mais complacente. Os homens, não importando sua idade, são naturalmente competitivos. Um homem mais velho sabe que precisa manter-se em forma para preservar sua vantagem em agradar sua esposa, que pode ser atraída por homens mais jovens.

Há também evidências de que ter um filho, mesmo em uma fase tardia da vida, tem efeitos benéficos sobre os pais. Mesmo avós que cuidam regularmente de seus netos tendem a ser mais saudáveis e mais ativos mentalmente. Indubitavelmente "a juventude não é eterna"! Com relação aos cuidados com a beleza atualmente vê-se mais homens fazendo cirurgias plásticas para parecerem mais jovens e competirem com rivais mais novos pelas primeiras posições. Os homens têm uma vantagem sobre as mulheres pelo fato de que sua pele é mais espessa, por conseguinte menos propensa ao enrugamento. Também o ato de barbear-se esfolia agressivamente a camada superior da pele e encoraja camadas mais jovens e mais viçosas a emergirem do interior da derme. Homens limpos e barbeados também muitas vezes parecem mais jovens. Aqui segue uma loção pós-barba para melhorar esse processo, do livro *Secret Potions, Elixirs and Concoctions: Botanical & Aromatic recipes dor MInd, Body Soul (Poções, Elixires e Preparados Secretos: Receitas Botânicas & Aromáticas para Mente, Corpo & Alma)*, publicado pela Lotus Press:

Pós-barba de Gengibre para Homens

- ½ colher (chá) de gengibre fresco;
- 5 gotas de lavanda;
- ½ colher (chá) de mel;
- 1 xícara de água.

Ferva a água. Reduza o fogo e adicione o gengibre. Ferva por 5 minutos e desligue o fogo. Reserve por outros 5 minutos. Retire o gengibre e adicione a essência e o mel. Coloque em uma garrafa de vidro e refrigere. Esta loção pode ser guardada por até uma semana e meia. Não use se você tiver a pele muito sensível.

Contudo, parecer jovem é apenas parte do objetivo, pois que bem faz consertar a fachada se a estrutura interior está caindo aos pedaços? É verdade que ter boa aparência faz bem para a sua auto-estima, mas se por dentro você sentir-se como se tivesse 120 anos, uma plástica facial não vai lhe fazer tanto bem assim. Nossos músculos começam a encolher quando a gordura os substitui e isso inclui os músculos faciais. O metabolismo apropriado da gordura e a tonificação dos músculos do corpo todo são, portanto, muito importantes.

Formando Massa Muscular Após os 40

Na verdade, não há diferença entre a sua habilidade em formar tecido muscular magro após os 40 e a de quando você tinha 20 anos! É verdade que nós perdemos 1% de músculo por ano após os 30, todavia pessoas que são ativas vão muitas vezes compensar este declínio e conservar seus físicos jovens a despeito do avanço dos anos. A verdadeira questão é que, quando nós somos jovens, somos naturalmente mais ativos. Patinação, natação, caminhada e ciclismo são todas atividades relacionadas com a juventude. Algumas vezes nós somos nossos piores inimigos quando pensamos que somos muito velhos para estas coisas ou que os outros poderiam pensar dessa maneira nos vendo fazer tais atividades. Talvez não estejamos em nossa melhor forma. Ser constrangido pelo que os outros vão pensar pode ser também um obstáculo para o nosso progresso.

Entrar em uma academia para muitos é um grande compromisso. Algumas pessoas pensam "Ah, eu não vou nunca, será uma perda de dinheiro." Todavia, quando você vir as taxas mensais da academia que estará pagando, bem, isso poderá muito bem motivá-lo a entrar no ritmo! O primeiro clube a que me afiliei era apenas para mulheres. Eu realmente gostei dele. Uma piscina, banheira equipada de jatos de água sob pressão, destinados a criar remoinhos relaxantes e sauna eram algumas das mordomias que eu mais apreciava. Eu fiz algumas aulas de aeróbica, usei os equipamentos de modelagem corporal e tive ótimos resultados. Então a casa desabou. Eles faliram! Eu fui uma das poucas afortunadas que recebeu seu dinheiro de volta com relação às prestações de sociedade já pagas, mas a maioria não recebeu. No ostracismo, eu comecei a fazer aulas particulares de aeróbica que eram admissíveis, mas nem de longe tão completas como as do clube feminino. Mais tarde, entrei em uma *Gold's Gym* porque ficava no caminho do trabalho para casa. Desde que eu tinha que passar por lá todos os dias, foi fácil arranjar um horário para freqüentá-la. Meu dia começaria cedo e eu sairia do trabalho mais ou menos às 15:00 e chegaria na academia perto das 15:45. Eu trabalharia nas máquinas por cerca de 2 horas, talvez fizesse uma aula de *step*, tomasse uma ducha, passasse na sauna e me vestisse para voltar para casa. A atmosfera no local era mais parecida com a de um clube social, com mais homens do que mulheres, os quais pareciam estar procurando por paqueras. É muito distrativo estar constantemente dizendo, "Não, obrigada", e eu acho que teria feito muito mais em menos tempo se estivesse em um ambiente só para mulheres.

Eis a minha experiência. Há agora muitas opções para escolher já que muitas academias estão tendo uma escassez de novas afiliações. O auge da aeróbica e da alimentação saudável diminuiu incrivelmente dos anos 80 até o meio dos anos 90. Você quer saber o que está realmente na moda agora? *Steakhouses*! As coisas realmente mudaram de figura. Você talvez consiga fazer um melhor negócio se for com um amigo e ambos afiliarem-se ao mesmo tempo para obter um desconto. Procure por clubes que vão assegurar que você conheça o estabelecimento e saiba como usar tudo. Academias com piscinas, saunas e hidromassagens podem ser um pouco mais caras, mas valem o que cobram, pois estas são coisas que a maioria de nós não tem ou não quer ter em casa. Escolha também de acordo com o que é importante para você.

Mesmo quando eu não tive tempo para ir com muita freqüência, os anos que eu fui afiliada a uma academia, qualquer academia, foram os melhores de todos por como eu me aparentei e me senti. Mesmo com meu aparelho em casa, o *Nordic Track Ultra Lift*, eu percebi que não há nada como uma academia para motivar e dar um ânimo especial para esperar pelos finais de semana. Não que a qualquer momento eu vá me livrar de minha máquina de exercícios em casa, mas ela tem seu lugar como um complemento aos treinamentos do clube, não como substituinte.

Se a academia tiver a opção de um *personal trainer*, aceite-a. Esta pessoa pode desenvolver um programa especialmente para você, mostrando como executar os movimentos dos exercícios, levantamentos, etc., para obter o máximo dos resultados e evitar lesões. Você pode querer recrutá-los para um contrato breve e então continuar sozinho, o que é bom. De qualquer modo, os homens saem-se melhor com alguém conduzindo-os nos equipamentos pesados, então isso é algo a se considerar se você não tem um amigo que treine regularmente. Assegure-se de beber fluidos suficientes antes, durante e após seu treinamento e tome um suplemento de cálcio completo quando você chegar em casa e exatamente antes de dormir. Por quê? Bem, toda a contração muscular realizada no treino fez com que ácido láctico e outros metabólicos da atividade muscular fossem formados em seus tecidos. Esta é a dor que você freqüentemente sente nos seus músculos no dia seguinte. Tomar cálcio absorvível suficiente é, portanto, a chave para auxiliar o músculo a livrar-se de impurezas, incluindo o ácido láctico, sobre o qual eu falei anteriormente, que causa cãibras e dores musculares ocasionadas por excesso de exercícios.

    Outro maravilhoso aliado no alívio da dor é ter arnica à mão. Ela vem tanto em gel como em óleos de massagem. O gel é mais usado por jogadores de futebol. Gel de arnica e gelo são tudo que se precisa para uma contusão. O gel de arnica sozinho ajuda a controlar a inchação, a dor e a contusão. O gelo estreita os vasos sangüíneos, mantendo o fluxo de sangue em um nível mínimo na área da contusão. É quase milagroso o quão bem o extrato desta planta funciona. É igualmente bom para músculos inflamados e doloridos. Após o seu treino, tome um banho morno e massageie os seus músculos doloridos e tensos com óleo de arnica. O óleo funciona mais lentamente do que o gel de arnica, então ele vai difundir-se pelos tecidos por um longo período de tempo, mas lhe dará um alívio das dores musculares mais completo e duradouro. O gel é mais como um pacote de gelo para a dor de uma pancada ou machucado. O óleo de arnica acalma os músculos inflamados sendo um excelente óleo de massagem para este fim.

    Munido de um clube de saúde que vá ao encontro de suas necessidades específicas, a atrações que você procura, você agora está preparado. Faça uma avaliação no clube da porcentagem de gordura de seu corpo quando você começar, e da mesma forma tire suas medidas. Veja uma demonstração representativa do clube de como usar tudo o que lhe estiver disponível, mesmo que você não esteja particularmente interessado em usar algumas dessas coisas no momento. Trabalhe com um treinador que detalhe um programa para você baseado em suas metas específicas de desenvolvimento de massa corporal. Prepare-se bebendo fluidos suficientes, tomando quantidades adequadas de cálcio absorvível e tendo bastante arnica à sua disposição para usar depois de seu treino. Eu garanto, você vai beijar o frasco!

    Para motivá-lo ainda mais, pessoas com um índice maior de músculo magro podem comer mais. Isto se dá porque o tecido do músculo magro está sempre ativo, em contração, gerando calor, deste modo gastando energia. O tecido adiposo, ou gordura, simplesmente se mantém assentando e acumulando. Sua balança pode não indicar muita mudança, mas o modo com que seu corpo fica em suas roupas e no espelho vai ser muito mais elegante, firme e compacto. Com um pouco mais de tempo e um pouco mais de esforço você vai ter maior força, energia e equilíbrio. Você vai realmente querer ser ativo em outros esportes e eventos, pois seus músculos estão tonificados e condicionados. Seus músculos não vão apenas ficar bonitos, eles vão funcionar melhor do que quando você era mais jovem.

Nota: *É recomendável que você adicione 2 a 3 gramas de piruvato de cálcio ao protocolo do seu exercício. Ele é excelente para auxiliar seu corpo a transformar naturalmente carboidratos em energia e a estimular seus músculos magros também.*

Capítulo 12

Recuperando a Sua Perspicácia Mental
"Memória, acuidade mental e retenção"

"**D**ra. Miczak, eu estou começando a esquecer um espantoso número de coisas. Poderia ser mal de Alzheimer? " Eu atualmente leciono em um curso como auxiliar do corpo docente na Universidade de Brookdale, em Lincroft, NJ. O nome do curso é Supermemória com Nutrição e Ervas e nunca deixou de ter o máximo de vagas ocupadas pelos estudantes. Isso ocorre porque todo mundo, jovem, velho ou o que for, quer aumentar sua perspicácia mental e poderes da memória. Nós também nos preocupamos com o desenvolvimento do mal de Alzheimer, cuja incidência aumenta com a idade. A maioria das pessoas não tem com o que se preocupar, porém, se algum dos seus pais tem a doença, você pode ter um risco maior do que a população geral.

Pensa-se que o mal de Alzheimer possui um elo genético. Todavia, houve casos de gêmeos idênticos, que são geneticamente mais semelhantes do que um pai e um filho. Nesses estudos, uma das gêmeas que não tinha a doença usou antiinflamatórios regularmente (ibuprofen, aspirina, etc.), enquanto a outra irmã não. Os resultados foram que a gêmea saudável operou acima do nível de memória e acuidade mental de sua idade. A outra teve mal de Alzheimer em um estágio avançado, ficou incontinente e requeria cuidado integral, inclusive alimentação. Tenha em mente que gêmeos têm obviamente a mesma idade. Portanto, a progressão da doença teria sido a mesma para ambos os gêmeos se o elo fosse puramente genético. *(Antiinflamatórios de ocorrência natural incluem a enzima bromelaína, que é derivada do abacaxi fresco e de ervas da família da hortelã.)*

Nós ainda precisamos aprender muito sobre esta doença. Ao invés de ficarmos obcecados se e quando vamos tê-la, nosso tempo seria melhor gasto reunindo o maior número de dados possível para nos ajudarmos, assim como a nossos entes queridos que possam estar exibindo sintomas similares. Um diagnóstico confirmado do mal de Alzheimer ainda não é disponível, a não ser por uma autópsia na qual a destruição das células cerebrais pode ser vista claramente. Há gotas medicinais para os olhos que podem ser usadas, às quais os pacientes com mal de Alzheimer terão uma reação específica, como um sinal de diagnóstico positivo. Porém, mesmo este teste não é conclusivo. E se estiver incorreto? Você iria querer o fardo mental de viver sob este tipo de sentença, que pode ser inconclusiva? Eu tenho certeza que não. Tome a iniciativa e leia o artigo seguinte. Ele lhe dará um senso melhor sobre o que você pode fazer agora para salvar sua memória.

O Efeito do Ginko Biloba na Memória

O uso do ginko biloba no tratamento de desordens ligadas à idade ainda está escasso e sem muito apoio da comunidade médica, a despeito das descobertas positivas escritas nas resenhas das publicações de colegas como em *The Journal of the American Medical Association* — O Jornal da Associação Médica Americana — (JAMA). Os clínicos, com freqüência, submetem pacientes a modalidades alternativas tendo a ingênua expectativa de milagres, como se eles ficassem contentes com melhoras modestas. As duas condições abordadas nesta seção mencionam Alzheimer e demência, que são na verdade duas condições diferentes. Pode-se ter demência senil separadamente do mal de Alzheimer, já que a demência pode originar-se de outros processos patológicos.

A demência senil é muitas vezes o resultado da arteriosclerose ou enrijecimento das artérias. Essas artérias especiais são responsáveis pela provisão do fluxo adequado de sangue para o cérebro. As artérias cruciais, como as veias cranial e carótida, podem tornar-se parcialmente ou quase totalmente obstruídas pela "plaqueta" arterial, o que impede que a artéria leve a quantidade apropriada de sangue oxigenado para o cérebro. Vítimas de demência senil vão muitas vezes alucinar, pensando que estão vendo coisas que na verdade não estão ali.

O mal de Alzheimer é uma etiologia desconhecida, o que significa que não está claro o que causa a deterioração dos tecidos do cérebro nesses pacientes. A área que é atacada primeiro é a região do cérebro responsável pela memória de curto prazo. As memórias antigas persistem enquanto as mais recentes começam a desaparecer com maior freqüência. Fazer cálculos simples, lembrar que dia é hoje ou os nomes dos novos conhecidos torna-se cada vez mais difícil. Envergonhadas, muitas vítimas recentes começam a isolar-se socialmente, o que apenas torna as coisas piores.

A demência pode estar presente no paciente com mal de Alzheimer também, mas causas diferentes ocasionam a mesma coisa; a falta de profusão sangüínea para as células do cérebro. No paciente do mal de Alzheimer, diferente do paciente de demência senil, as células não mais existem para receber o fluxo sangüíneo necessário.

O mal de Alzheimer é visto com maior freqüência proporcional à idade do paciente, embora possa ocorrer cedo. Este tipo de ataque adulto prematuro da doença é suspeito de ser transmitido por um gene recessivo, como tem sido observado em famílias. O protocolo alopático atual recomenda o uso de Aricept ou donepizil HCL. Esta droga não vai curar a doença nem vai parar seu progresso. Embora ela não possa ajudar o paciente, especialmente nos estágios avançados, ainda é prescrita porque pode melhorar a habilidade de pensar em alguns pacientes. Não oferece exatamente grandes vantagens de melhora e nenhuma na detenção da doença. Também é digno de consideração o fato de que o Aricept tem efeitos colaterais e riscos comumente documentados como diarréia, cãibras musculares, náusea e insônia. Por que produtos comparativamente mais seguros como o ginko não estão sendo explorados e estudados, já que oferece um pouco mais de esperança do que as terapias prescritas existentes? Nós temos que assumir que ao menos três questões interferentes poderiam explicar isto.

1. Não há muito dinheiro destinado a pesquisas relativas a este segmento da sociedade.
2. Há uma atitude universal em pensar que este é o curso normal do envelhecimento e talvez seja até mesmo anormal, tentar alterar este curso.
3. O ginko é uma erva. Como uma erva ele é um produto de domínio público e não pode ser patenteado por nenhuma indústria farmacêutica.

Em oposição a isso, há aqui um excerto de um artigo informativo que descreve a pesquisa que mostra que a indicação preliminar de ginko pode ser útil para pacientes com mal de Alzheimer:

Atualização de Notícias Científicas
"Ginko biloba pode estabilizar e até reverter a demência"

"Mudanças substanciais o suficiente para serem notadas por enfermeiros"

WASHINGTON, D.C. — "Um extrato de ginko biloba pode estabilizar, e em alguns casos melhorar as funções cognitivas e comportamento social de pacientes dementes, por seis meses ou um ano, de acordo com um artigo da edição de 22 de outubro de 1997 na pauta sobre idade em *The Journal of the American Medical Association's* (JAMA)."

O doutor LeBars do Instituto para Pesquisa Médica de Nova Iorque em Tarytown, NY, estudou e relatou os efeitos benéficos do EGb 761, que é um extrato potente de ginko biloba. Seu estudo usou 309 pacientes dementes com prejuízo mental de moderado a severo, causados pelo mal de Alzheimer, demência vascular ou uma combinação de ambos.

Foi na décima sexta Conferência Anual de Relatórios Científicos da Associação Médica Americana que LeBars apresentou suas descobertas. Foram os primeiros testes clínicos empíricos usando extrato de ginko biloba a ser conduzido nos Estados Unidos. O teste clínico durou um ano e foi um estudo duplo cego (nem os pesquisadores nem os participantes sabiam qual era o placebo e qual era o composto ativo), com placebo controlado, agrupamento paralelo e multicelular. Em outras palavras, toda precaução foi tomada para assegurar que os resultados seriam totalmente objetivos e representativos da eficácia ou ações dos extratos herbáticos.

LeBars e seus companheiros pesquisadores concluíram: "O EGb parece estabilizar e, em uma porcentagem adicional de 20% dos casos, (*versus* placebo), melhorar o funcionamento do paciente por períodos de seis meses a um ano. Devido a sua segurança, os efeitos colaterais associados com o EGb não foram diferentes daqueles associados com o placebo."

Os pesquisadores descobriram que 27% dos pacientes, tratados 26 semanas ou mais com EGb, alcançaram ao menos uma melhora de 4 pontos na subescala Cognitiva da Escala de Avaliação do Mal de Alzheimer, com 70 pontos, comparado com 14% tomando o placebo. Em outra escala chamada "Avaliação Geriátrica" por Instrumento de Categorização Relativa (AGICR), 37% melhoraram sua vida diária e suas habilidades comportamentais, comparado com 23% tomando placebo.

Verdadeiramente 40% dos que tomavam placebo pioraram enquanto 23% melhoraram, então nós podemos delinear com estas figuras a efetividade relativa do extrato de ginko biloba.

O extrato usado nestes testes clínicos é muito popular na Europa e é mais concentrado do que as cápsulas de erva de ginko biloba feitas da planta inteira. O EGb, ou extrato de ginko, foi recentemente aprovado na Alemanha para o tratamento da demência, mesmo que ainda não se entenda completamente como esta erva age no cérebro. O ginko contém componentes que removem radicais livres, que são tidos como mediadores da oxidação excessiva de gordura no cérebro e dano celular, visto no sistema nervoso central dos pacientes com mal de Alzheimer.

O fato primário mostrado por este estudo é que o EGb teve um determinado efeito em pacientes que estavam cognitivamente prejudicados (tendo dificuldade com o processo de raciocínio normal). Ele também mostrou melhoras na vida diária e no comportamento social de pacientes diagnosticados com demência. Os enfermeiros foram talvez o grupo principal a notar estas melhoras como resultado de sua interação dia-a-dia com estes pacientes.

Os pesquisadores afirmam: "Comparado com o grupo que recebia placebo, o grupo que tomava EGb incluiu o dobro de pacientes cuja performance cognitiva melhorou e teve o mesmo número de pacientes cuja função social piorou. Em termos clínicos, a melhora de 4 pontos na Escala de Avaliação do Mal de Alzheimer — Subescala Cognitiva — pode ser equivalente a um retardamento de seis meses na progressão da doença." (Leia o artigo completo no JAMA de 1997; 278:1327-1332)

O forte do ginko é ajudar na melhora da circulação e no transporte de oxigênio para o cérebro. Ele também ajuda a combater perda de memória, processo mental lento, vertigem, zumbido ou campainha no ouvido e até mesmo a depressão, associados à idade. Não apenas os pacientes com mal de Alzheimer podem beneficiar-se. Estudos têm mostrado melhoras em pacientes com mal de Parkinson também.

É digno de ser notado que o apoio a este estudo foi dado por *Willmar Shwabe Pharmaceuticals*. Seria raro uma indústria farmacêutica americana fazer tal estudo porque, como previamente mencionado, elas não podem patentear um produto herbático. Já que custa cerca de 400 milhões de dólares trazer uma nova droga da prancheta de esboço para o mercado, elas provavelmente não vão pesquisar um composto sobre o qual não possam ter direitos.

Este estudo foi prova suficiente para Warner Lambert que agora está comercializando o extrato de EGb 761, como foi usado no estudo, sob a linha de suplementos herbáticos chamada Quanterra. Warner Lambert é um gigantesco fabricante de drogas, com sede em Morristown, Nova Jersey. É portanto muito radical de sua parte comercializar uma erva, o ginko biloba. Eles têm um extrato padronizado patenteado, de 24% de glicosídeos-flavona e 6% de lactonas de terpeno no produto final, embora também esteja disponível de fabricantes para ervas não-farmacêuticas.

Embora apontem para a mesma pesquisa que os fabricantes de ervas, muitos médicos e farmacêuticos que estão familiarizados com o nome Warner-Lambert vão, provavelmente, recomendar seu ginko ao invés de outros. Você verá suas propagandas em revistas de consumo porque este produto é comercializado além do balcão. Todavia, a maior ênfase em publicidade é feita em jornais periódicos de venda e do meio com o US Pharmacist. O anúncio do Quanta EGb 761 diz: "Apoiado por mais estudos bem-controlados do que qualquer outro extrato de ginko biloba." Continuam dizendo que ele é apoiado em 7 testes clínicos de placebo controlado, aprovado clinicamente e bem tolerado. Bem, lamento acabar com a graça, mas o EGb não é um composto privado. Em outras palavras, qualquer companhia, incluindo fabricantes de ervas, podem manufaturar este extrato!

Porém a linha Quanterra, com todos os seus adendos farmacêuticos, ainda tem o asterisco requisitado com a retratação de que "Estas afirmações não foram avaliadas pela FDA."

A indústria também não pode patentear a erva ainda que o processo de padronização mude seu produto em um extrato mais concentrado contendo aqueles constituintes vegetais específicos. O ginko continua sendo um produto de domínio público e vai permanecer assim, a menos que as indústrias farmacêuticas sejam capazes de demonstrar a alteração das moléculas essenciais, criando um novo composto totalmente diferente daquele que é encontrado na natureza.

Talvez o melhor aconselhamento em escolher um produto herbático de ginko seja usar um extrato similar ao que foi usado nos testes clínicos aqui declarados. Há muita controvérsia a esse respeito. Muitos herboristas tradicionais opõem-se ao uso de produtos padronizados. Eles têm alguma razão quando dizem que há compostos inerentes à erva inteira e talvez seja melhor não "brincar com a Mãe

Natureza". Na verdade, não é disso que trata a padronização. Lembre que eu trabalhei para um analista químico. Antes de me tornar uma gerente de Controle de Qualidade, eu fiz análises químicas em lotes de produtos para fabricantes. Nós usávamos instrumentos sofisticados de espectometria que liam as substâncias químicas presentes em um composto como um detector de mentira, por falta de uma analogia melhor. Isso significa que, quando posto na máquina para análise química, tínhamos uma folha de controle de como o composto deveria ser. Toda vez que o instrumento detectava o composto químico requisitado, ele registrava um pico ou vale na escala do gráfico no papel. Depois que a espectometria estava completa, nós comparávamos os gráficos do composto com nossa folha de controle ou "modelo". Se eles se assemelhassem, tínhamos um bom lote. Esta mesma instrumentação é usada na fabricação de produtos farmacêuticos aprovados pela FDA, e nosso laboratório não era exceção.

Na padronização o processo é o mesmo. A erva completa ainda é usada, mas o produto final, o extrato, é conferido para assegurar que os ingredientes "ativos" estão presentes. Não discutiremos sobre a importância dos componentes ativos isolados (i.e. glicosídeos, flavonóides), sobre os outros constituintes presentes no produto. Fatores como onde e como a planta cresceu, pluviometria, condições do solo e mesmo como a planta foi armazenada após a coleta vão influenciar na potência da erva de colheita para colheita, de lote para lote. A única coisa que a padronização faz é assegurar a mesma quantia de compostos específicos em cada remessa. É somente isso.

Os extratos de ginko biloba são usados na Alemanha e no estudo americano anteriormente citado porque o paciente teria que tomar muito mais da erva completa para conseguir o mesmo efeito, se conseguisse. A adaptação é sempre um problema, e se você puder encontrar um extrato de ginko biloba que esteja sem condições especiais, você poderá tomar uma dose por dia. Tenha em mente, contudo, que a dosagem diária recomendada de extrato de ginko biloba para melhorar as funções de seu cérebro fica entre 120 e 160 mg. Você não poderá esperar resultados imediatos já que o ginko leva cerca de seis meses para fazer efeito, ou mais, se você estiver usando a erva inteira. Conseqüentemente, os resultados mais imediatos podem ser vistos tomando o extrato concentrado de ginko biloba ao invés da erva inteira. Isso porque os extratos padronizados são feitos das folhas secas e contêm uma maior concentração de ingredientes ativos do que, digamos, um chá feito das folhas do ginko. Siga a quantia sugerida no rótulo pelo fabricante ou tome 40 mg do extrato três vezes por dia, no total de 120 mg. Tome seu extrato de ginko antes das refeições para ter uma absorção máxima.

AMPAKINAS PARA REJUVENESCER A MEMÓRIA DE CURTO PRAZO

Vinte e dois anos atrás na Hungria, país de origem do sobrenome de minha família, cientistas descobriram um tratamento para a senilidade e desordens envolvendo o fluxo de sangue no cérebro. O grupo de drogas que eles descobriram foram as ampakinas. Hoje, tais medicações que demonstraram melhorar a função do cérebro são fáceis de achar na Europa, onde os médicos as prescrevem amplamente. Essas drogas são bem toleradas e quando testadas em humanos não mostrararm efeitos colaterais. Mesmo assim, as ampakinas entraram nos Estados Unidos, mas falta a aprovação da FDA porque elas são classificadas como suplementos nutricionais.

Um produto de ampakinas que chegou da Europa é a vinpocetina, derivada de um extrato de pervinca, um pequeno arbusto chamado de sempre-viva com flores azul-roxeadas que florescem na primavera e atravessam o verão. Pesquisadores isolaram um alcalóide, vincamina, na pervinca, que beneficia o fluxo de sangue no cérebro. A FDA aprovou a vinpocetina como um suplemento dietético na quantia permitida de 5 mg por tablete. Não é muito cara, comparada com os preços exorbitantes dos produtos de drogas prescritas.

A vinpocetina é útil na melhora do fluxo de sangue no cérebro, facilitando a utilização do oxigênio. Há estudos recentes que mostram que ela provisiona proteção direta contra o declínio na função do sistema nervoso central devido à idade. A vinpocetina funciona de maneira similar à popular droga Viagra. Ambas aumentam o fluxo de sangue, mas a ação da vinpocetina é específica para suprir os tecidos do cérebro apenas. Portanto, esta "droga inteligente" tem propriedades tanto protetoras como corretivas que podem auxiliar os indivíduos antes que sintomas da senilidade comecem a aparecer. Qualquer que seja seu estado, a vinpocetina melhora o fluxo de sangue no cérebro, aumentando a utilização do oxigênio e o processo de raciocínio.

Capítulo 13

COMBATENDO AS DEPRESSÕES DA MEIA-IDADE

*M*uitas vezes nós nos sentimos desanimados pelas circunstâncias e por motivos desconhecidos. Nossos hormônios, química cerebral e níveis de energia influenciam o nosso dia-a-dia.

O INVERNO ESTÁ DEIXANDO VOCÊ TRISTE? DESORDEM AFETIVA SAZONAL
Por Dra. Marie Miczak

A Associação Psiquiátrica Americana classifica a Desordem Afetiva Sazonal (DAS), também chamada "melancolia de inverno", como uma subcategoria distinta da desordem afetiva. Embora existam muitas variações, este tipo ocorre quando os dias começam a encurtar no outono e continuam até que a primavera volte. Os sintomas típicos coincidem com muitas das queixa observadas na depressão: tristeza, libido reduzida, isolamento da atividade social e funcionamento geral prejudicado. Para piorar as coisas há uma necessidade excessiva de dormir, fadiga durante o dia, apetite aumentado e apetência por doces, resultando em ganho de peso. Em um esforço para combater esta desordem, um número de medicamentos e psicoterapias são usados, com sucesso relativo. Todavia, muitos medicamentos antidepressivos têm efeitos colaterais. Uma alternativa é a fototerapia, ou uso de câmaras de luz, um modo de tratamento seguro e com freqüência muito efetiva. Tais unidades são usadas extensivamente no Alasca, onde esta condição é vista com mais freqüência. Junto com a terapia de luz, como descrito acima, existem algumas coisas simples que qualquer um pode fazer para melhorar o seu humor:

1. Anime-se! Muitos pacientes de DAS começam a fototerapia com 20 minutos de exposição logo de manhã. Tente fazer uma caminhada sob a luz da manhã. A exposição à luz combinada com exercício aeróbico suprido pela caminhada libera endorfinas ou as químicas do "bem-estar" de seu corpo.
2. *Hypericum perforatum* ou erva-de-são-joão. Pesquisadores descobriram componestes nesta erva que afetam a química do cérebro na melhora do humor ou perspectiva mental. Nota: não a utilize se estiver tomando um medicamento como um inibidor seletivo de reabsorção de serotonina ou ISSR: Zoloft, Prozac ou Paxil.
3. Perfume seu mundo. Óleos essenciais distintos estimulam os centros neurológicos do cérebro, aumentando o relaxamento e a sensação de bem-estar. Essências de plantas populares para este propósito incluem rosa, jasmim, laranja, lavanda e ilangue-ilangue. Cinco gotas de qualquer uma destas essências em uma banheira cheia difunde o aroma no ar provocando um astral elevado e um sono de melhor qualidade.
4. Alimento para o seu humor. A apetência por amidos e doces é uma maneira de seu corpo assinalar uma queda de serotonina. Esse neurotransmissor é importante no controle da depressão, bem como de comportamentos compulsivos como excessos alimentares rotineiros. Para ajudar o corpo a produzir sua própria serotonina, inclua em sua dieta carboidratos complexos, providos de alimentos integrais como arroz escuro e batatas.

Se perceber que tem qualquer tipo de desordem mental, é importante procurar diagnóstico de um profissional e tratamento. Para uma consulta psiquiátrica nessa área contate Marcia Bennett da Associação Psiquiátrica Americana no e-mail mbennett@psych.org. Em qualquer caso há muito que pode ser feito para prevenir a "melancolia de inverno" naturalmente.

Uma parte do problema relacionada à depressão é o estresse. Jovens ou velhos, todos sofremos desse mal, mas em quantidade elevada pode deixá-lo muito mais velho. Um bom exemplo é olhar para um presidente dos Estados Unidos em seus primeiros dias de governo. Esperançoso, cheio de promessas, até mesmo juvenil. Agora avance até o fim de seu mandato de 4 anos. Você dificilmente pode reconhecê-lo! Isso ocorre porque a tensão de ser o homem no comando, examinado sob óticas públicas e responsável pelo futuro de milhões de pessoas, é muito estressante e envelhecedor. O estresse pode extirpar o vigor juvenil do ritmo de qualquer um. Mais que isso, pode levar a muitas doenças associadas com a vida moderna e até causar perda de memória e acuidade mental como tenho demonstrado no artigo de jornal abaixo:

SEGREDOS PARA AGUÇAR SUA MEMÓRIA E PROCESSO DE RACIOCÍNIO

O estresse pode realmente ser chamado de doença do nosso mundo moderno. Não que nossos ancestrais não tivessem estresse. Todavia, à medida que nosso mundo torna-se menor devido à globalização da informação, nós temos estímulos vindos de cada canto do mundo. Problemas que nossos antepassados nunca sonharam são agora entregues em nossas portas cada manhã ou até mais freqüentemente se você tem acesso à Internet.

Tudo isso tensiona a psique humana além dos limites toleráveis. Diz-se que a tecnologia caminha na frente das capacidades de seus usuários. Isso é bem verdade. Por exemplo, há dez anos, eu tive que aprender como usar uma média de 10 aplicativos e programas de computador diferentes por dia. Hoje, essa é minha média mensal e eu tenho que fazer isso mais rápido do que costumava fazer no passado. Atualizações, carregamentos, reinstalações, reconfigurações, submissões, sem parar. Sou responsável pela manuteção de todo o equipamento computadorizado, desde o meu PC até analisadores de laboratório ou então não trabalho! Tudo é computadorizado.

Isso é ótimo para o cérebro, mas como estes aplicativos estão ligados ao meu meio de vida, carregam pressões extras em sua execução. Como sou uma fã confessa da tecnologia, insisto em ter os mais recentes dispositivos e invenções, o que não torna as coisas mais fáceis.

Devido à necessidade de construir uma vida, estamos sob pressões similares no trabalho. Reduzindo os gastos, diminuímos o número de empregados que compartilham a carga de trabalho no escritório. Obrigações adicionais sem aumento de salário é algo muito desanimador até mesmo para o mais dedicado dos funcionários.

O estresse também exaure o cérebro de serotonina, que já é escassa em pacientes deprimidos. A serotonina é um neurotransmissor importante na manutenção de um humor positivo. Outras substâncias químicas importantes do cérebro também são gastas nas respostas de combate ou fuga. Isso foi associado com a incapacidade de lembrar coisas sob os efeitos do estresse. A perda temporária de memória é associada ao estresse. É por isto que manter os prazos é importante. Quando você é pressionado até o último minuto para completar um projeto, tanto você como a tarefa sofrem. Você pode não se lembrar de tudo que queria incluir quando sob tamanha pressão. Erros evitáveis tendem a mostrar suas caras feias em projetos com prazos muito curtos.

Parte do problema é falta de organização. Eu tenho usado um organizador eletrônico nos meus dias de laboratório quando trabalhava para um analista químico. Endereços, números telefônicos, compromissos e lembretes vão comigo para todo lugar. A cada dia tenho uma lista "fazer-o-quê" e se não for consumada fica agendada para mais tarde. Também sou capaz de agendar tais itens, semanas ou mesmo meses antes, dando-me a oportunidade de estar preparada. O próprio ato de escrever os compromissos e lembretes ajuda na memorização do que você precisa fazer dia após dia. Ver algo em seu livro de compromissos é uma outra reafirmação da informação que o ajudará a lembrar-se dela.

Manter a perspicácia mental sob tais pressões da vida diária não é uma tarefa simples como a que eu acabei de descrever. Contudo, há algumas maneiras excelentes de manter-se atento e até melhorar sua memória. Eis aqui algumas sugestões tomadas direto de meu curso universitário em Brookdale, SuperMemória com Nutrição e Ervas:

- Se você está tentando aprender uma nova informação muito depressa, tente a instrução durante o sono. Compre um *pillow speaker* em uma loja de aparelhos eletrônicos. Coloque uma fita cassete sobre o que você deseja aprender em um toca-fitas conectado ao *pillow speaker* que, como o nome explica (*pillow* = travesseiro/*speaker* = autofalante), é colocado sob o seu travesseiro. Ouça a fita enquanto você começa a dormir. Usando este método, você pode aprender qualquer língua, livro, assunto, e até um discurso que precise memorizar... qualquer coisa! Toque a fita toda noite por pelo menos um mês para obter um desempenho máximo e note o quanto vai saber.
- Foco. Quando nós somos apresentados a alguém não nos lembramos do nome da pessoa porque estamos distraídos. Bloqueie tudo que for externo e concentre-se no nome da pessoa. Também ajuda se você associar a pessoa com algo engraçado. Se o nome da pessoa é Gail Kolinsky simplesmente lembre-se de uma "*girl*" (garota), ao invés de Gail, jogando um pedaço de carvão para o céu (*coal in sky* = Kolinsky). Se ainda assim você não se recordar do primeiro nome de Gail, pelo menos você vai recobrar a imagem mental dela jogando um pedaço de carvão para o céu. Isso não é problema porque no final você vai dizer "Olá, srta. Kolinsky". Lisonjeada por você ter até mesmo se lembrado de seu sobrenome, ela vai com certeza dizer "Por favor, me chame de Gail!".
- Para memorizar listas ou objetos simplesmente os relacione a histórias engraçadas. Digamos que você quer ir ao mecado. Deixe a lista de lado e em seu lugar tente isto. Você sabe que precisa de cenouras, sacos de lixo, maçãs e peito de frango. Simplesmente imagine o peito de frango como um super-herói! O peito tem cenouras como pernas, uma maçã por cabeça e o saco de lixo é a capa. Soa estranho? Quem se importa? É seu método particular, quem precisa saber? Você pode fazer rela-

ções similares para múltiplos itens de uma lista adicionando uma linha de narração. Quanto mais louco, melhor, pois você irá lembrar. Tente. Eu garanto que você não apenas vai lembrar-se de tudo em sua lista, como irá também dar boas risadas todas as vezes que for fazer compras.

- Faça algo aprazível todo dia ou sempre que se sentir sufocado pelo trabalho. Isto não é fácil, pois quando está nessa situação, você está pensando "Eu tenho que terminar isso!" e se pressiona pelo tempo além dos limites de sua produção mental. Essa é realmente a hora em que o relaxamento é necessário. Tente tirar umas férias de 15 minutos tomando um banho morno com um pouco de essência de alecrim e de lavanda. Estes óleos essenciais são a ajuda recuperadora aromaterapêutica de que você precisa para mente e corpo. A água morna ajuda o cérebro a soltar endorfinas, substâncias químicas relacionadas ao relaxamento e ao bem-estar. O alecrim reestabelece sua acuidade mental e memória enquanto a lavanda o ajuda a relaxar. A menta também tem esta qualidade de revigorar a mente e o corpo. Experimente combinações destes óleos para criar sua própria mistura aromática.

Você pode continuar extrapolando todos os limites e terminar com uma saúde pobre e incapaz de pensar e ser criativo, produzindo um trabalho inferior ou na melhor das hipóteses medíocre. Para mim isso não soa como uma opção. Você terá que fazer o trabalho novamente devido ao excesso de erros. O que são 15 minutos? Com freqüência somos nossos piores inimigos a esse respeito. Se você é associado a um clube de saúde, o que é altamente recomendável, agende algum tempo exclusivamente para você. A mudança de ambiente, atividades, aulas, piscina, seja lá qual for o seu *hobby* ajudará a tornar-se muito mais produtivo. Estresse, depressão e exaustão são intensos derrubadores de energia. Você pode trabalhar para a morte, não pela atividade, mas por não manter sua saúde pessoal ao longo da vida. Tudo é descarregado sobre nós e jogado no queimador, especialmente para as mulheres. Tenha em mente, entretanto, que você não pode continuar por muito tempo cuidando das necessidades de todo mundo e negligenciando as suas, sem sofrer as conseqüências. O problema é que seus familiares sofrem quando você está tão vazia de qualquer coisa para oferecer que acaba precisando ser cuidada! Isto é muito triste de fato. Eu não estou advogando o narcisismo aqui. Porém, é preciso haver equilíbrio em nossas vidas diárias.

Tentar ser a "supermãe" ou a "supermulher" é inútil. Em algum ponto da jornada você acabará pedindo reforços. A sociedade não lhe dará nenhuma assitência para você afirmar-se desta maneira. Olhe para os comerciais de todos os dias. Uma criança, deliberadamente, faz uma bagunça repudiante (desculpe, este é meu sangue bretão começando a ferver), e imediatamente aparece a supermãe ou na verdade a supercriada para limpar. A criança nem ao menos é repreendida e alegremente a mãe começa a esfregar e limpar as manchas de giz de cera, canetinha e comida do pequeno Billy. Ora, por favor, pare com isso. O que esta atitude ensina a criança sobre as mulheres e o valor do seu tempo? É isso mesmo que as mamães devem fazer (veja se eles tentam isso quando o "homem velho" os está vendo), e que seu tempo não é realmente importante. Estas mesmas crianças, especialmente os meninos, crescem com esta visão sexista do mundo incorporado, firmemente estabelecendo a cela de vidro na qual muitas mulheres estão presas. Da mesma forma no ambiente do lar, eles são relutantes em ajudar suas esposas com a casa porque foram ensinados que o verdadeiro fim da mulher é servi-los, excluindo outros objetivos que sejam importantes para ela.

Então, a menos que nós comecemos a deixar os outros saberem que tomar cuidado de nós mesmas é tão importante como cuidar dos caprichos de qualquer um, continuaremos a ser tratadas de acordo. Acostumada a este tipo de mimo, sua família pode não querer perder a mordomia. Acusações, choramingos e reclamações mesquinhas são maneiras de forçar você a fazer o que eles querem, não o que você precisa fazer. Quem paga a conta final, então? A família toda, porque em alguma hora você não vai ter nada mais para dar. Destruída, confusa e deprimida, você não vai ter nada para oferecer a sua família a não ser o sofrimento em vê-la nesta condição. Você vai aparentar e sentir-se décadas mais velha. Se não achar mais nada de valor neste livro, guarde consigo este ponto. Invista no cuidado consigo mesma diariamente e faça disso uma prioridade. Sua saúde física e mental depende disso.

Capítulo 14

A Conexão Mente-Corpo-Espírito para Permanecer Jovem

*A*intrínseca conexão entre juventude e bem-estar espiritual é muitas vezes ignorada. É comum que indivíduos que se engajam em atividades juvenis sejam mais aptos a permanecerem ajustados tanto fisicamente quanto mentalmente. Olhe para indivíduos que são privados de interação física e social para ver os efeitos danosos. Isso pode acontecer em qualquer idade, mas é mais comum idosos que tenham perdido um companheiro e muitos amigos de longa data. Quando um dos membros de um casal morre é muito comum ver o outro ir junto, mesmo que não tenha apresentado nenhuma condição médica preexistente.

Este fenômeno transpõe-se para nossas relações dentro do mundo animal. Você sabia que ter um animal de estimação baixa sua pressão sangüínea? Sim, o ato de mimar o seu cão ou acariciar seu gato realmente dão início ao processo de relaxamento e diminuem a pressão de seu sangue em níveis mais normais. Também é provado que pessoas que têm animais de estimação invariavelmente vivem mais. Talvez seja o fato de saber que outro ser confia em você para cuidar que perpetre a força de vida em todos nós. Não se está seguro dos mecanismos envolvidos, mas este tem se mostrado ser o caso. Se olharmos para uma das maiores obras literárias jamais compostas, a Bíblia, veremos que Adão e Eva se comunicavam e tomavam cuidado dos animais no jardim do Éden. A Bíblia também diz que os animais vieram ter com Adão para serem nomeados por ele de acordo com seus atributos específicos. Adão gastou tempo observando os animais e seus hábitos antes de dar-lhes nomes já que ele era encarregado tanto de seus cuidados como da tutela sobre o seu lar, o jardim. Esta é uma grande tarefa espiritual para a qual o homem foi criado. Estamos neste mundo para cuidar dos animais, não para dominá-los. Nós estamos aqui para apreciar e cultivar a terra, não para destruí-la. Quando nossas vidas perdem a harmonia com estes objetivos primitivos, sofremos os efeitos de não estarmos alinhados com o plano do universo.

Não temos todas as respostas do porquê estas relações com nossos vizinhos humanos e animais são tão importantes para nossa longevidade. Todavia, sabemos que pessoas que gastam tempo com os outros em uma atmosfera social sofrem menos de estresse e ansiedade. O simples ato de rir é o melhor exercício cardiovascular imaginável! Igualmente o ato de falar a um amigo sobre seus problemas tem um efeito aliviador em sua psique. Quantas vezes você ficou com os olhos cheios de lágrimas por causa de um problema que parecia intransponível apenas para depois acabar rindo após ter falado com um companheiro próximo! Isto porque, quando deixados aos nossos próprios cuidados, nós imaginamos que um ponto é da magnitude de um terremoto quando não é. Todavia, após desabafar com alguém que passou pelas mesmas circunstâncias ou talvez piores, nós também começamos a ver as coisas de maneira mais positiva. É por isso que o fator companhia é tão importante na conexão mente-corpo em manter uma personalidade jovem.

A solidão é de fato uma assassina silenciosa como muitos idosos perceberam. É por isso que há um aumento de voluntários na comunidade neste segmento da população. Os idosos estão encontrando felicidade e realização doando seu tempo para ajudar os outros que são menos afortunados. Isto remete ao benefício que muitos recebem em cuidar de alguém ou de alguma outra coisa como um animal de estimação. Olhar além de nossas próprias necessidades enquanto nos preocupamos em ajudar os outros pode oferecer um benefício quase incalculável. O homem construiu em si um verdadeiro espírito altruísta. Este é o fator motivador que faz com que uma pessoa entre em uma construção em chamas e salve um estranho. O medo e a preocupação sobre os danos pessoais são postos de lado quando o indivíduo responde à necessidade de ajuda de outro ser humano. Reforçando isto, há a admoestação da Bíblia em que Jesus aparece dizendo "não há amor maior para um homem do que deixar sua vida para trás em benefício de seu amigo". Esta é uma necessidade inerente ao ser humano em amar e doar-se a serviço de outrem. É por isso que encontramos alegria em dar.

Quando vemos a habilidade da profissão médica em evocar a cura ou condenar alguém à morte prematura, então olhamos para a conexão mente-corpo e para o poder de sugestão. É um fato de conhecimento geral que, quando uma pessoa tem fé naquele que cuida de sua saúde, as recuperações são freqüentemente otimizadas. Uma conduta positiva dispensada a cabeceira de alguém, um interesse entusiasmado e um envolvimento caloroso no bem-estar do paciente são marcas de excelência de um profissional médico. Por outro lado, um clínico que oferece uma perspectiva negativa e pessimista quando faz suas visitas, rouba a esperança do íntimo de cada um de seus pacientes. Isso é conhecido como efeito "nocebo". Ocorre quando você vai a um médico e recebe um prognóstico negativo. Ao invés de oferecer-lhe alguma esperança ou até mesmo a proposição de uma alternativa, o seu médico diz que você vai estar morto em seis meses. Agora, dependendo de quanta fé você tenha na palavra deste médico, sua sentença de morte pode de fato tornar-se realidade. Em vez de beneficiar-se de um efeito placebo que é calculável em todo e qualquer estudo duplo cego, você vai experienciar um efeito "nocebo"ou efeito placebo negativo. Este tipo de coisa pode ser devastadora para um paciente que já estava à beira de um colapso emocional devido ao medo e à ansiedade causados pela preocupação com sua doença. Deste modo o corpo reage conforme a percepção da mente. Isto pode ser facilmente constatado em pacientes que foram erroneamente diagnosticados com uma doença terminal e morrem de acordo com o prognóstico do médico a despeito de seu engano. Não sabemos se o que as deixou despojadas da vontade de viver foi a desistência na busca pela vida ou notícias tão negativas. Talvez seja uma combinação de ambas com o fator adicional de simplesmente ceder ao que o médico prescreveu como sendo inevitável.

Enquanto não temos todas as respostas, a sabedoria empírica tem provado repetidas vezes que a perspectiva mental e espiritual da pessoa é fator-chave na manutenção da saúde. Indivíduos jovens são interessados em seu ambiente e nos outros com quem eles o compartilham. Isso se adquire a despeito da idade, já que a curiosidade é uma característica clara em uma mente ativa, flexível e precisando ser preenchida com novas experiências e sensações. A busca por conhecimento não precisa cessar com a idade. De fato, nós estamos percebendo mais e mais cidadãos idosos voltando à escola para conseguir graus que talvez eles nunca usem. Tais indivíduos perceberam que o valor da educação está muito além da capacidade de ganhar um salário. Eles vêem seu grau recém-alcançado como um sinal de realização a despeito de sua idade avançada. Isso por si só é um fator de que ainda são contribuidores viáveis da sociedade humana; eles escolhem ou não usar seus diplomas em seu trabalho. Como humanos, todos nós precisamos deste mesmo tipo de validação. Esta é a razão de permanecer entre os vivos e junto ao gênero humano ao invés de ficar inerte vendo o mundo passar.

Observamos quantas pessoas perderam seu vigor juvenil e interesse pela vida devido a experiências negativas, que elas permitiram que as derrubassem. Note, eu digo "elas permitiram". Nós colocamos nossa própria saúde nas mãos dos outros. Quando um relacionamento falha, quando nossos pais nos desapontam, quando nós não conseguimos o apoio que sentimos que precisávamos, são pontos que muitas pessoas acabam usando para explicar seu estado presente. Isto para não dizer que as experiências traumáticas na infância, mesmo na idade adulta, não contribuem na angústia emocional e na doença mental. Todavia, na agitação e turbulência da existência humana todos nós experimentamos picos e vales, esperança e tragédia, triunfo e desapontamento. Se nós atribuirmos nossa falta de sucesso como seres humanos aos atos e mesmo à ausência dos mesmos nos outros, então nós estamos eternamente sujeitos e dependentes de fontes externas de alegria. Isto se estende a indivíduos que se tornam dependentes de drogas ou álcool para lutar com seus sentimentos de desapontamento e infelicidade. Mais uma vez a atribuição é feita a alguma outra pessoa ou coisa como sendo a fonte desagregadora de alguém na vida. As lições mostrando que este é um processo autodestrutivo são aprendidas muito tarde.

Quando você se torna pai percebe que seus pais realmente fizeram o melhor que podiam. Quando está envolvido em um relacionamento percebe como é difícil ser encorajador para seu parceiro. Igualmente você só percebe depois de muito velho que as coisas sobre as quais você ficou obcecado como sendo tão terríveis na sua juventude não têm real importância em comparação ao que você viu em sua vida. É por isso que, quando você contou a seus pais sobre ter sido humilhado por seus colegas na escola, o tempo e a experiência os havia ensinado que este não é um grande problema e que coisas mais graves o esperavam mais à frente em seu caminho. Por isso, muitos jovens pensam que seus pais não os entendem. Porém, eles apenas estão olhando para um campo mais amplo de experiência e comparando os seus problemas de criança com os encontrados mais tarde na vida. Na melhor das hipóteses, há uma falta de percepção do problema, mas isto não significa que os pais não se preocupem ou apóiem os filhos. Por outro lado, os pais precisam perceber que crianças não tiram conclusões instantaneamente sobre a morte, aceitações baseadas em ações óbvias. Os pais sabem por experiência que alimentar, vestir e abrigar um filho denota aceitação de responsabilidade, compromisso com o bem-estar daquela criança. Porém, uma criança pode não ver isso desta maneira por causa de sua falta de experiência na vida. De acordo com a percepção dela, um pai precisa demonstrar exposições de afeto e atenção muito mais evidentes para ter certeza de que estas necessidades estão sendo preenchidas. Não é suficiente assumir que o filho deve saber sobre o amor dos pais baseado em ações de responsabilidade parental.

 Nunca é tarde para se criar este espírito. Nunca é tarde demais para o espírito ser renovado, pois tal é a condição do coração humano que permite perdoar, esquecer e renascer com nova esperança. Há um ditado que diz que a esperança cresce eternamente no coração de um tolo. Deve realmente ser interpretado que a esperança cresce eternamente no coração dos jovens. É esse otimismo e crença em todas as possibilidades que nos mantém jovens. Igualmente são a desconfiança e a percepção desgastada que nos envelhecem muito além dos anos cronológicos. Quando perdemos a esperança nós desfalecemos e morremos por dentro a despeito do fato de ainda estarmos vivos e respirando. Deste modo, o espírito faz seu último capricho conosco. Uma vez quebrada, é muito difícil de consertar. Uma vez perdida é muito difícil de recuperar, mas tal é a substância da existência humana. Nossa força de vida depende dela, assim como depende do amor e carinho para zelar pelas emoções.

 Um exemplo final da importância entre o espírito, a mente e o corpo é uma experiência dos tempos Vitorianos. Durante o século XIX, era uma prática comum que as crianças não deviam ser vistas e ouvidas. Muitas vezes permitir que uma criança chorasse negligenciada era tido como um passo na construção do caráter do infante. Em nenhum lugar os efeitos desastrosos deste tipo de doutrina foi visto mais do que nos orfanatos. De acordo com a prática estrita da época, as enfermeiras deveriam cuidar das crianças apenas o estritamente necessário; o que significava apenas alimentá-las e trocá-las. Outros tipos de toques ou interação eram considerados como mimar a criança ou até mesmo expô-la a doenças. Os hospitais adotaram a abordagem estéril que durou até hoje na ala de maternidade onde as mães não são encorajadas a segurar seus bebês até a hora de levá-los para casa. Durante estes dias negros do século XIX, devido a esta prática clínica insensível no manuseio de infantes, os níveis de mortalidade dispararam. Bebês estavam morrendo aos montes nestes orfanatos a despeito de serem bem alimentados e vestidos. O que então estava causando a alta taxa de mortes? Mais tarde, descobriu-se que crianças que quase não tem contato humano simplesmente desfalecem. Bebês precisam ser segurados. Bebês precisam ser tocados. Acima e além do preenchimento das necessidades óbvias, estas necessidades emocionais são essenciais para sua sobrevivência. As mudanças estão vindo lentamente. Os orfanatos mais progressistas começam a colocar cadeiras de balanço na enfermaria e a ordenar mais enfermeiras para devotar um tempo adicional para nutrir e segurar os bebês. O resultado? A mortalidade infantil caiu dramaticamente! Nada foi mudado com relação a sua alimentação e vestimenta. A única diferença agora é que os bebês estavam recebendo muito mais atenção das enfermeiras. Isso foi suficiente para que estas crianças pudessem enfrentar o abandono.

Portanto, nós podemos aprender uma lição valiosa de que de fato há uma necessidade de sermos amados e cuidados, não importando qual a nossa idade ou posição na vida. Tudo isso se resume para preservar o frágil espírito humano dentro de nós. Sem isso nosso interesse jovial pela vida não consegue sobreviver.

Apêndice

RECURSOS DAS INDÚTRIAS PARA EQUIPAMENTOS DE EXERCÍCIO

EQUIPAMENTO PARA SAÚDE E APTDÃO FÍSICA DA FAMÍLIA

Bicicletas

MBC Discount Bikes
"O Centro de Desconto para a Aptidão Física de sua Família"
868 Main Street
Belford, NJ 07718 (Centro da cidade de Belford)
Loja: (732) 471 – 1511

- Vendas, consertos e serviços especializados. Ajuste personalizado para as bicicletas adaptarem-se a seu tamanho e forma.
- Bicicletas para montanha, praia e exercícios com acessórios personalizados para toda família.
- Despacho disponível para a maioria dos itens para qualquer lugar dos Estados Unidos!

Visite o site para saber sobre pistas, clubes de ciclismo e sugestões: www.mbc.genxer.net

Ricocheteadores

Minitrampolim Needak Soft Bounce
Visite nosso site: www.needak-rebounders.com ou ligue: (800) 232-5762

A Needak hospeda um site educacional sobre o esporte do ricocheteamento, oferece uma garantia hermética de seus produtos, que são manufaturados na América. Uma de suas unidades principais é seu minitrampolim dobrável ao meio e assemelhando a um taco, e vem com sua própria mochila para transporte. Sendo completamente portátil, você pode levar sua unidade para fora, para a praia nas férias, etc. Sendo vendido no varejo à $ 240,00, é uma verdadeira barganha já que ele vai lhe proporcionar anos de exercícios aeróbicos poupadores das juntas.

Índice Remissivo

A

A, vitamina 28, 32-33
ácido glicólico 97
ácidos graxos essenciais 37,
    53-54, 57, 61, 69-70, 87
Alzheimer, Mal de 16, 35-36, 54,
    123, 125-128
antiinflamatório 123
aricept (donepizil) 125
arnica 121
aspirina 26, 43, 77, 123

B

B, vitamina 35-36, 53
B_{12} 36
baunilha 91, 99-101, 103-104, 106-
    107
biodisponibilidade 24, 33, 89
bromelaína 77, 124

C

C, vitamina 24, 34, 37
cádmio 28-29, 47, 113-115
cafeína 91
cálcio 24-27, 30-31, 52, 67, 71, 76,
    86, 88-89, 120-121
câncer, prevenção 27-29, 57-58, 62,
    83
casa de repouso 20
cholina 37
consolda 48

D

D, vitamina 24-25, 32
desordem afetiva sazonal 133
DHT 28-29, 114
digoxina (Lanoxin) 43
dong quai 48

E

E, vitamina 28, 35, 37, 52, 88, 104-105
enzimas 30-32, 34, 37, 52, 60, 62-63, 76
erva-de-são-joão 134
envelhecimento 14, 16, 19, 23, 29, 35, 39, 41-42, 54-55, 114, 126
EGb 41, 127-129

F

fitoestrógenos 56-57, 83-84, 86, 88
fruto do pilriteiro 42, 44, 48, 115

G

Ginko Biloba 13, 39, 41-43, 124, 126-130
gengibre 102, 118
glicólico, ácido 97-98

H

HCL 31-32, 125,
hipoglicemia 61
HPB 28-29, 113-114

I

impotência masculina 41

J

jasmim 101, 104, 134

K

K, vitamina 24

L

LAD 82
LBD 82
levedo de cerveja 52-53, 58, 66

M

madressilva 99
magnésio 25-27, 30, 52
Ma Huang, (*ephedra chinesa*) 48
memória 16, 19, 29, 35-37, 39-41, 91, 114, 123-125, 128, 131, 135-138
menopausa, sintomas 48, 56, 85

O

óleo de prímula vespertina 55-56
óleo de linhaça 54-56, 58, 61, 63, 84-85, 87

P

padronização 43, 46-47, 129-130
pH 34, 71
piruvato de cálcio 122
Prados, trevo dos 84, 86-87
Premarin 82

R

rosa, óleo 107

S

selênio 27-30, 113, 115
serotonina 91, 134, 136
sintéticas 13, 20, 35
Sintróide 88-89
soja 37, 54-58, 62-63, 70, 84-86, 88
solanina 76

T

testosterona 28, 47, 55, 111-113
testicular, auto-exame 112
TRH 81-82

V

viagra 131
vinpocetina 131-132
vitaminas 13, 20, 23-25, 28, 32-37,
    51, 53, 59, 64, 67, 71, 73, 86, 91

Z

zinco 24, 28-30, 113-115

Para receber catálogos, lista de preços
e outras informações escreva para:

MADRAS®
Editora

Rua Paulo Gonçalves, 88 — Santana
02403-020 — São Paulo — SP
Tel.: (0_ _11) 6959.1127 — Fax: (0_ _11) 6959.3090
www.madras.com.br